9e Livraison.

NOUVELLE

MÉTHODE DE CONJUGAISONS,

OU

DICTIONNAIRE SYNOPTIQUE

DE

TOUS LES VERBES DE LA LANGUE FRANÇAISE,

TANT RÉGULIERS QU'IRRÉGULIERS,

AVEC LEUR SIGNIFICATION PROPRE, FIGURÉE ET PRONOMINALE,

CONJUGUÉS DANS TOUS LEURS MODES, TEMPS ET PERSONNES.

CHAQUE VERBE PRÉCÉDÉ ET SUIVI DE REMARQUES ET ANNOTATIONS GRAMMATICALES,

APPUYÉES DE CITATIONS PUISÉES DANS NOS MEILLEURS AUTEURS FRANÇAIS.

PAR E. VERLAC.

PARIS.

CHEZ L'ÉDITEUR, RUE SAINTE-ANNE, 64.

CHEZ { PILOUT, libraire, rue du Roule, 24.
MARTINON, libraire, rue du Coq-St-Honoré, 4.
DUTERTRE, libraire, Passage Bourg-l'Abbé, 20.

CHEZ LES PRINCIPAUX LIBRAIRES ET MARCHANDS DE PITTORESQUES,

1842.

BIBLIOTHÈQUE ROYALE

INDICATIF.

NOTES ET RENSEIGNEMENS.

(1) Les pronoms, JE, TU, IL, etc., servent à conjuguer les verbes actifs et neutres.
(2) On y ajoute ME, TE, SE, etc., pour conjuguer les verbes pronominaux. On remplace l'E par une apostrophe devant une voyelle ou un h muet.

(3) Terminaisons... { (a) de la première, (c) servant aux quatre, (b) des deuxième, troisième et quatrième } conjugaisons.

(4) Cette colonne indique, par un chiffre, à quelle conjugaison appartient le verbe.

Radical	Présent — Singulier: JE (1) / ME (2), TU / TE, IL / SE	Présent — Pluriel: NOUS, VOUS, ILS / SE	Imparfait — Singulier: JE / ME, TU / TE, IL / SE	Imparfait — Pluriel: NOUS, VOUS, ILS / SE	Radical	Prétérit défini — Singulier: JE / ME, TU / TE, IL / SE	Prétérit défini — Pluriel: NOUS, VOUS, ILS / SE	P. indéfini — Sing.: j'ai, tu as, il a / je me suis, tu t'es, il s'est — Plur.: nous avons, vous avez, ils ont / nous n. sommes, vous v. êtes, ils se sont	P. antérieur — Sing.: j'eus, tu eus, il eut / je me fus, tu te fus, il se fut — Plur.: nous eûmes, vous eûtes, ils eurent / nous n. fûmes, v. v. fûtes, ils se furent	Pl. q. parfait — Sing.: j'avais, tu avais, il avait / je m'étais, tu t'étais, il s'était — Plur.: nous avions, vous aviez, ils avaient / nous n. étions, vous v. étiez, ils s'étaient	Radical	Futur présent — Singulier: JE / ME, TU / TE, IL / SE	Futur présent — Pluriel: NOUS, VOUS, ILS / SE	F. antérieur — Sing.: j'aurai, tu auras, il aura / je me serai, tu te seras, il se sera — Plur.: nous aurons, vous aurez, ils auront / n. n. serons, v. v. serez, ils se seront
J' ou... / M' ou... — Terminaisons (3)	(a) ...e, ...es, ...e	(c) ...ons, ...ez, ...ent	...ais, ...ais, ...ait	...ions, ...iez, ...aient	J' ou... / M' ou... — Termin.	...ai, ...as, ...a	...âmes, ...âtes, ...èrent	...é	...é	...é	J' ou... / M' ou... — Termin.	...rai, ...ras, ...ra	...rons, ...rez, ...ront	...é

DICTIONNAIRE.

ABAISSER, v. a., diminuer de hauteur, descendre, faire aller en bas. — un store.
ABANDONNER, v. a., délaisser, quitter entièrement. — son poste. — la place.
ABASOURDIR, v. a. étourdir, consterner. *Cette nouvelle l'a tout abasourdi.*
ABATARDIR, v. a., altérer, faire dégénérer. *Plantes, races abâtardies.*
ABATTRE, v. a., jeter par terre, faire tomber. — un arbre. — un mur. — des noix.
ABCÉDER, v. n., t. chir., se terminer en abcès. Ne se conjugue qu'à la 3e personne.
ABDIQUER, v. a., se dépouiller d'une dignité. — la couronne. — le pouvoir.
ABECQUER, v. a., donner la becquée. — un jeune oiseau abecqué par sa mère.
ABÊTIR, v. a., rendre bête, stupide. *Cet homme est abêti par les excès.*
ABHORRER, v. a., avoir en horreur. *L'honnête homme abhorre les fripons.*
ABÎMER, v. a., précipiter. Fig., gâter, détruire. — *la pluie a tout abîmé.*
ABJURER, v. a. renoncer à une fausse doctrine. — *ses erreurs.* — *sa religion.*
ABLUER, v. a., faire revivre l'écriture en la lavant avec une eau préparée.
ABOLIR, v. a., casser, annuler, mettre à néant. — *d'anciennes coutumes.*
ABONDER, v. n., venir en grand nombre. — *en richesse.* — *dans le sens de...*
ABONNER, v. a., prendre un abonnement pour quelqu'un — *au journal.*
ABONNIR, v. a., rendre meilleur. — *Une cave fraîche abonnit le vin.*
ABORDER, v. a., arriver près de... — *une île.* — *le rivage.* — *un vaisseau.*
ABORNER, v. a., mettre des bornes à un champ (vieux). — On dit *borner.*
ABOUCHER, v. a., faire trouver des personnes ensemble afin qu'elles confèrent.
ABOUTIR, v. n., toucher d'un bout à .... *Ce passage aboutit à la place.*
ABOYER, v. n., se dit d'un chien qui crie. Fig. *invectiver contre quelqu'un.*
ABRÉGER, v. a. resserrer ce qui est trop étendu. — *une histoire.* — *le chemin.*
ABREUVER, v. a., faire boire, se dit des animaux. Fig., *abreuver de dégoûts.*
ABRITER, v. a., mettre à l'abri du mauvais temps. — *des arbustes; des plantes.*
ABROGER, v. a., retirer, annuler. — *une loi.* — *un édit* — *un privilége.*
ABRUTIR, v. a., rendre semblable à une brute. *L'ivrognerie abrutit l'homme.*
ABSENTER (s'), v. pron., s'éloigner de chez soi; de son pays; de sa place.
ABSORBER, v. a., engloutir; consumer. *Les procès ont absorbé sa fortune.*
ABSOUDRE, v. a., irr. et déf., pardonner; excuser; délier d'une accusation.
ABSTENIR (s'), v. pron. et irr., se retenir de faire une chose. — *de boire.*
ABSTERGER, v. a., t. de méd., nettoyer, en parlant d'une plaie, d'un ulcère.
ABSTRAIRE, v. a., irr. et déf., séparer, par l'esprit, des choses unies.
ABUSER, v. n. tromper, user mal d'une chose. — *de sa force,* — *du pouvoir.*
ACAGNARDER, v. a., accoutumer à mener une vie oisive et paresseuse.
ACCABLER, v. a., faire tomber sous un poids trop lourd. Fig., *accabler d'injures.*
ACCAPARER, v. a., faire amas d'une chose afin de la vendre plus chère.
ACCÉDER, v. n., consentir à un engagement déjà contracté par un autre.
ACCÉLÉRER, v. a., augmenter, presser, hâter la vitesse. — *un voyage.*
ACCENSER, v. a., joindre une propriété rurale à une autre.
ACCENTUER, v. a. exprimer un sentiment par les inflexions de la voix.
ACCEPTER, v. a. agréer ce qui nous est offert. — *une place* — *une dédicace.*
ACCLAMER, v. a., approuver, nommer par acclamation. (Boiste).
ACCLAMPER, v. a., t. de mar., fortifier un mât, une vergue.
ACCLIMATER, v. a., accoutumer à la température d'un climat. — *une plante.*
ACCOINTER (s'), v. pron., se lier, se familiariser intimement avec quelqu'un.
ACCOISER, v. a., vieux t. de méd., calmer, apaiser. — *les humeurs.*
ACCOLER, v. a., embrasser, t. de comm., réunir plusieurs articles par accolade.
ACCOMMODER, v. a., arranger, ajuster, rendre convenable. — *le dîner.*
ACCOMPAGNER, v. a., aller de compagnie. Suivre, reconduire quelqu'un.
ACCOMPLIR, v. a., compléter, achever tout-à-fait. — *son devoir; sa promesse.*
ACCORDER, v. a., mettre d'accord, concilier, concéder. — *une grâce; une faveur.*
ACCORER, v. a., t. de mar., poser des accores, mettre des appuis, des soutiens.
ACCOSTER, v. a., aborder quelqu'un, lui parler. T. de mar., *aborder un navire.*
ACCOTER, v. a., appuyer de côté, maintenir, affermir. — *une colonne.*
ACCOUCHER, v. n., enfanter, mettre au monde. Fig., produire, mettre au jour.
ACCOUDER (s'), v. pron., s'appuyer sur le coude. — *sur la table; sur la rampe.*
ACCOUPLER, v. a., joindre deux choses; apparier le mâle et la femelle.
ACCOURCIR, v. a., ôter de la longueur, au propre et au fig. — *un manteau.*
ACCOURIR, v. n. et irrég., venir promptement. *Accourir en foule.* — *en poste.*
ACCOUTRER, v. a., habiller d'une façon ridicule. *Comme il est accoutré!*
ACCOUTUMER, v. a. faire prendre une habitude. *Je l'ai accoutumé à...*
ACCRÉDITER, v. a., mettre en réputation, donner cours à... — *une nouvelle.*
ACCROCHER, v. a. suspendre, attacher. — *une montre.* — *un tableau.*
ACCROIRE, v. n., n'est usité qu'à l'inf., avec *faire*; *faire accroire.* (*V. faire.*)
ACCROÎTRE, v. a., augmenter, agrandir. — *son bien; sa fortune; sa gloire.*
ACCROUPIR (s'), v. pron., s'asseoir sur ses talons. Se dit aussi des animaux.
ACCUEILLIR, v. a. et irr., recevoir bien ou mal qui vient à nous.
ACCULER, v. a. pousser, resserrer dans un coin d'où l'on ne peut reculer.
ACCUMULER, v. a. amonceler, mettre en tas. — *ses fautes.* — *crime sur crime.*
ACCUSER, v. a., charger quelqu'un d'une faute. — *de vol,* — *de rapine.*
ACENSER, v. a., affermer, prendre à rente. — *acenser une ferme.* — *une terre.*
ACHALANDER, v. a., attirer des pratiques, des chalands. — *une boutique.*
ACHARNER, v. a., animer, exciter, irriter. *On l'acharne contre moi.*
ACHEMINER, v. a., mettre une chose en train d'aller, mettre en route.
ACHETER, v. a., se procurer quelque chose à prix d'argent. — *des livres.*
ACHEVER, v. a. terminer une chose commencée. — *un portrait,* — *de dîner.*
ACIDULER, v. a., t. de méd., rendre légèrement acide. — *une tisane.*
ACOQUINER, v. a., attirer, attacher par l'habitude. *La bonne chère acoquine.*
ACQUÉRIR, v. a. et irr., se procurer par achat. — *un habit,* — *une maison.*
ACQUÊTER, v. a., t. de jurisp. Acquérir un immeuble par acte (vieux.)
ACQUIESCER, v. n., céder, consentir à... — *par amour de la paix.*
ACQUITTER, v. a., rendre quitte; payer, satisfaire. — *une dette.* — *un mémoire.*
ACTIONNER, v. a., agir contre quelqu'un en justice; lui faire un procès.
ADAPTER, v. a., ajuster une chose à une autre, faire cadrer avec...
ADDITIONNER, v. a., ajouter des nombres l'un à l'autre pour en trouver le total.
ADHÉRER, v. n., être attaché, tenir à... Fig., adhérer à une demande.
ADIRER, v. a., t. de jurisp., perdre, égarer; usité au part. passé. *Pièces adirées.*
ADJOINDRE, v. a., joindre, associer à... S'adjoindre un collègue.
ADJUGER, v. a., déclarer acquis par jugement. *Ce lot lui fut adjugé.*

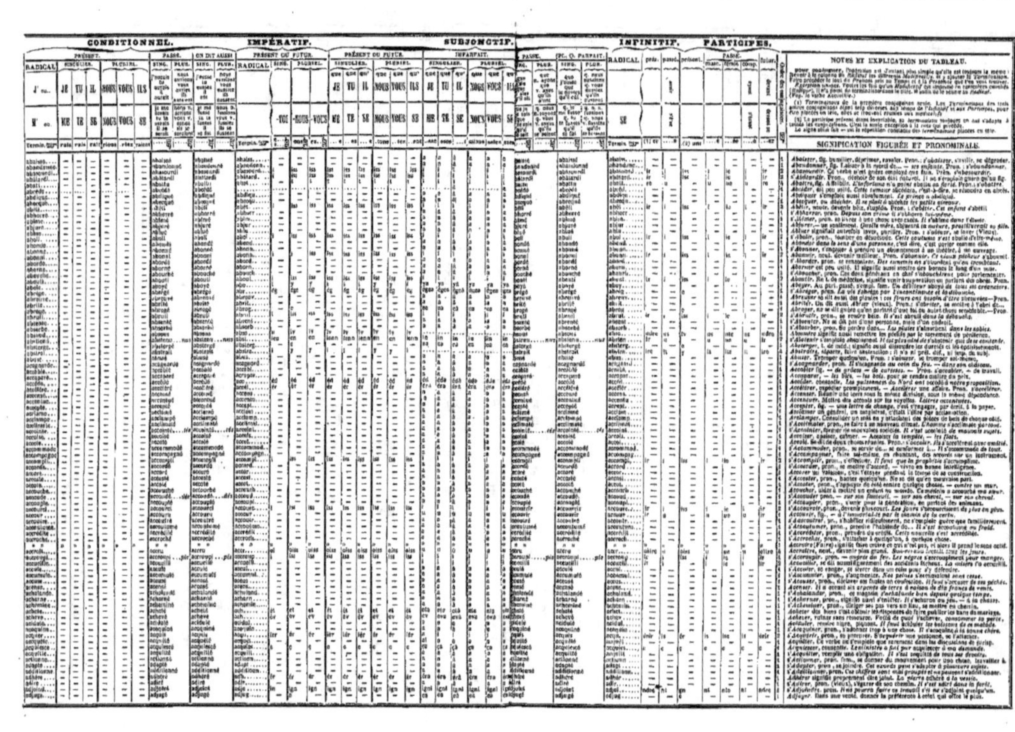

CONDITIONNEL. — PRÉSENT (SINGULIER: JE, TU, IL; PLURIEL: NOUS, VOUS, ILS) — PASSÉ (SING., PLUR.) — ON DIT AUSSI (SING., PLUR.)

IMPÉRATIF. — PRÉSENT OU FUTUR (SING., PLURIEL)

SUBJONCTIF. — PRÉSENT OU FUTUR (SINGULIER: que JE, que TU, qu' IL; PLURIEL: que NOUS, que VOUS, qu' ILS) — IMPARFAIT (SINGULIER, PLURIEL) — PASSÉ — PL. Q. PARFAIT

INFINITIF. — RADICAL, prés., passé

PARTICIPES. — présent, PASSÉ (masc., fém., comp.), futur

[illegible]

NOTES ET EXPLICATION DU TABLEAU.

pour conjuguer, l'opération est d'autant plus simple qu'elle est toujours la même : Réunir à la colonne du *Radical* les différents *Modificatifs*, et y ajouter la *Terminaison*. Faire précéder le tout du *Pronom* pris au Temps et à la *Personne* que l'on veut trouver.

Exception unique. Toutes les fois qu'un *Modificatif* est imprimé en caractères cursifs [illegible], il n'a point de terminaison dans le titre. Il suffit de le réunir au *Radical*. (Voy. le verbe Accueillir.)

(1) *Terminaisons* de la première conjugaison seule. Les *Terminaisons* des trois autres conjugaisons étant trop diverses aux temps de l'*Infinitif* et aux *Participes*, pour être placées en tête, elles se trouvent réunies aux *modificatifs*.

(2) Le participe présent étant invariable, sa *terminaison* toujours en *ant* s'adapte à toutes les conjugaisons. C'est la seule exception à la note qui précède.

Le signe ainsi fait — est la répétition constante des *terminaisons* placées en tête.

SIGNIFICATION FIGURÉE ET PRONOMINALE.

Abaisser, fig. humilier, déprimer, ravaler. Pron. : *s'abaisser*, s'avilir, se dégrader.
Abandonner, fig. Laisser à la merci de... — *ses enfants*. Pron. : s'abandonner.
Abasourdir. Ce verbe n'est guère employé que fam. Pron. *s'abasourdir*.
s'Abâtardir. Pron., déchoir de son état naturel. Il ne s'emploie guère qu'au fig.
Abattre, fig. Affaiblir. *L'infortune n'a point abattu sa fierté*. Pron. : *s'abattre*.
Abcéder, est peu usité. *Cette tumeur abcédera*, c'est-à-dire, se résoudra en abcès.
Abdiquer s'emploie aussi absolument. *Le prince a abdiqué*.
Abecquer, ou *abéquer*. *Il se plaît à abecquer les petits oiseaux*.
Abêtir, neutr. devenir bête, stupide. Pron. : *s'abêtir*. *Cet enfant s'abêtit*.
s'Abhorrer, pron. *Depuis son crime il s'abhorre lui-même*.
s'Abîmer, pron. se livrer à une chose avec excès. *Il s'abîme dans l'étude*.
Abjurer, — un sentiment. *Quelle mère, abjurant la nature, prostituerait sa fille*.
Abluer signifiait autrefois laver, purifier. Pron. : *s'abluer*, se laver (Vieux).
s'Abolir, pron., tomber en désuétude. *Cette coutume s'est abolie d'elle-même*.
Abonder dans le sens d'une personne, c'est dire, c'est parler comme elle.
s'Abonner, s'engager à prendre un abonnement à un théâtre, à un ouvrage.
Abonnir, neut. devenir meilleur. Pron. *s'abonnir*. *Ce vieux pécheur s'abonnit*.
s'Aborder, pron. se rencontrer. *Des ennemis ne s'abordent qu'en tremblant*.
Aborner est peu usité. Il signifie aussi mettre des bornes le long d'un mur.
s'Aboucher, pron. *Ces deux généraux en chef s'abouchèrent pour parlementer*.
Aboutir. En t. de médecine, signifie venir à suppuration en parlant des abcès. Pron.
Aboyer. Au part. passé, s'empl. fam. *Un débiteur aboyé de tous ses créanciers*.
s'Abréger, pron. *La vie s'abrège par l'incontinence et la débauche*.
Abreuver se dit aussi des plantes : *ces fleurs ont besoin d'être abreuvées*.—Pron.
Abriter. On dit aussi *Abrier* (vieux). Pron. : *s'abriter*, se mettre à l'abri de...
Abroger, ne se dit guère qu'en parlant d'une loi ou autre chose semblable.—Pron.
s'Abrutir, pron., se rendre bête. *Il s'est abruti dans la débauche*.
s'Absenter. Ne se dit pas d'une personne, mais d'un endroit.
s'Absorber, pron. Se perdre dans... *Les pluies s'absorbent dans les sables*.
Absoudre signifie aussi remettre les péchés par le sacrement de pénitence.
s'Abstenir s'emploie absolument. *Il est plus aisé de s'abstenir que de se contenir*.
Absterger, t. de méd. ; signifie aussi dissoudre les duretés et les épaississements.
Abstraire, séparer, faire abstraction ; il n'a ni prét. déf., ni imp. du subj.
Abuser. Tromper quelqu'un. Pron. : *s'abuser*, se tromper soi-même.
s'Acagnarder, pron. *Il s'acagnarde au coin du feu*. — *dans son château*.
Accabler fig. — *de grâces* — *de caresses*. — Pron. *s'accabler*. — de travail.
Accaparer, — *les blés*. — *les bois*, pour se rendre maître du prix.
Accéder. consentir. *Les puissances du Nord ont accédé à notre proposition*.
Accélérer, expédier promptement. — *Accélérer une affaire*. Pron. *s'accélérer*.
Accenser. Réunir une terre sous la même division, sous la même dépendance.
Accentuer. Mettre des accents sur les voyelles. *Lettres accentuées*.
Accepter, fig. — *une lettre de change*, c'est s'engager, par écrit, à la payer.
Acclamer un général, un magistrat, c'était l'élire par acclamation.
Acclamper. Consolider un mât en y attachant des pièces de bois de chaque côté.
s'Acclimater, pron., se faire à un nouveau climat. *L'homme s'acclimate partout*.
s'Accointer, former de mauvaises sociétés. *Il s'est accointé de mauvais sujets*.
Accoiser, apaiser, calmer. — *Accoiser la tempête*, — *les flots*.
Accoler. Se dit de deux choses réunies. Pron. : *s'accoler*. *Ils s'accolèrent avec amitié*.
s'Accommoder, pron., se servir de... se conformer à... *Il s'accommode de tout*.
s'Accompagner, faire soi-même, en chantant, des accords sur un instrument.
s'Accomplir, pron., s'effectuer. *Il faut que la prophétie s'accomplisse*.
s'Accorder, pron., se mettre d'accord, — vivre en bonne intelligence.
Accorer un vaisseau, c'est l'étayer pendant le temps de sa construction.
s'Accoster, pron., hanter quelqu'un. Ne se dit qu'en mauvaise part.
s'Accoter, pron., s'appuyer de côté contre quelque chose. — *contre un mur*.
Accoucher, aider à mettre un enfant au monde. *Ce médecin a accouché ma sœur*.
s'Accouder pron. — *sur son fauteuil*. — *sur son cheval*, — *sur son cheval*.
s'Accoupler, pron., s'unir pour la génération, en parlant des animaux.
s'Accourcir, pron., devenir plus court. *Les jours s'accourcissent de plus en plus*.
Accourir, fig., — *à l'immortalité par le chemin de la vertu*.
s'Accoutrer, pr., s'habiller ridiculement, ne s'emploie guère que familièrement.
s'Accoutumer, pron., prendre l'habitude de... *Il s'est accoutumé au froid*.
s'Accréditer, pron., prendre du crédit. *Cette nouvelle s'est accréditée*.
s'Accrocher, pron., s'attacher à quelqu'un, à quelque chose.
Accroire (Faire) signifie faire croire ce qui n'est pas, et alors il prend le sens actif.
Accroître, neut., devenir plus grand. *Son crédit accroît tous les jours*.
s'Accroupir, pron. — *auprès du feu*. *Les nègres s'accroupissent pour manger*.
Accueillir, se dit aussi figurément des accidents fâcheux. *La misère l'a accueilli*.
s'Acculer, se ranger, se serrer dans un coin pour s'y défendre.
s'Accumuler, pron., s'augmenter. *Nos peines s'accumulaient sans cesse*.
s'Accuser, pron., déclarer ses fautes en confession. *Il faut s'accuser de ses péchés*.
Acenser. *Il a acensé six arpents de terre à raison de dix francs de rente*.
s'Achalander, pron., *ce magasin s'achalande bien depuis quelque temps*.
s'Acharner, pron., signifie aussi s'enticher. *Il s'acharne au jeu*. — *à la chasse*.
s'Acheminer, pron., diriger ses pas vers un lieu, se mettre en chemin.
Acheter des bans c'est obtenir les dispenses de faire publier les bans du mariage.
Achever, ruiner sans ressource. *Voilà de quoi l'achever*, consommer sa perte.
Aciduler, rendre aigre, piquant. *Il faut aciduler les boissons de ce malade*.
s'Acoquiner, pron., s'adonner trop à une chose. *Il s'acoquine à la bonne chère*.
s'Acquérir, pron., se procurer. *S'acquérir une personne*, se l'attacher.
Acquêter. Ce verbe ne s'emploie que rarement dans les discussions de jurisp.
Acquiescer, consentir. *Le ministre a fini par acquiescer à ma demande*.
s'Acquitter, remplir une obligation. *Il s'est acquitté de tous ses devoirs*.
s'Actionner, pron. fam., se donner du mouvement pour une chose, travailler à.
s'Adapter, pron., se joindre. *Cet exorde peut s'adapter à plusieurs sujets*.
s'Additionner, pron. *Ces chiffres sont mal groupés et ne peuvent s'additionner*.
Adhérer signifie proprement être joint. *La pierre adhère à la vessie*.
s'Adirer, pron. (vieux), s'égarer de son chemin. *Il s'est adiré dans la forêt*.
s'Adjoindre, pron. *Il ne pourra faire ce travail s'il ne s'adjoint quelqu'un*.
Adjuger. Dans une vente, donner la préférence à celui qui offre le plus.

NOTES ET RENSEIGNEMENTS.

(1) Les pronoms, JE, TU, IL, etc., servent à conjuguer les verbes actifs et neutres.
(2) On y ajoute ME, TE, SE, etc., pour conjuguer les verbes pronominaux. On remplace l'E par une apostrophe devant une voyelle ou un h muet.
(3) Terminaisons... {(1) de la première, (2) servant aux quatre, (3) des deuxième, troisième et quatrième} conjugaisons.
(4) Cette colonne indique, par un chiffre, à quelle conjugaison appartient le verbe.
(*) Remplacer les pronoms il, ils, par elle, elles pour conjuguer au féminin.

INDICATIF.

Présent — Imparfait — Prétérit défini — P. indéfini — P. antérieur — Pl. q. parfait — Futur présent — F. antérieur

DICTIONNAIRE.

DICTIONNAIRE	Ordre des conjugaisons (4)	RADICAL
ADJURER, v. a., supplier, commander de faire une chose. — au nom de Dieu.	1	adjur
ADMETTRE, v. a., recevoir, agréer une personne ou une chose. — à sa table.	4	adm
ADMINISTRER, v. a., régir, gouverner. — la justice, — les sacrements.	1	administr
ADMIRER, v. a., considérer avec une surprise mêlée de plaisir.	1	admir
ADMONESTER, v. a., quelques-uns écrivent admonester, réprimander en justice.	1	admon..
ADONISER, v. a., parer avec une extrême recherche, avec affectation.	1	adonis
ADONNER (S'), v. pron., s'attacher avec soin, avec passion à quelque chose.	1	adonn
ADOPTER, v. a., considérer comme sien. Adopter un enfant, lui servir de père.	1	adopt
ADORER, v. a., rendre à Dieu le culte qui n'est dû qu'à lui seul.	1	ador
ADOSSER, v. a., mettre le dos contre... Adosser un enfant contre un arbre.	1	adoss
ADOUBER, v. a., t. de jeu d'échecs, toucher une pièce sans la jouer.	1	adoub
ADOUCIR, v. a., rendre doux ; corriger la rudesse. — une expression. — la voix.	2	adouc
ADRESSER, v. a. envoyer directement à quelqu'un. — une lettre, — un paquet.	1	adress
ADULER, v. a., flatter par intérêt. — un prince. — Il adule cette femme.	1	adul
ADULTÉRER, v. a., t. de pharm. et de jurisp., altérer, falsifier.	1	adult..
AÉRER, v. a., donner de l'air, chasser le mauvais air. — une chambre.	1	a..
AFFADIR, v. a., rendre fade. — une sauce. Fig. les louanges affadissent le cœur.	2	affad
AFFAIBLIR, v. a., retirer de la force, diminuer. Fig. rendre moins vif, abattre.	2	affaibl
AFFAISSER, v. a., courber sous une charge trop lourde; faire plier sous le faix.	1	affaiss
AFFAITER, v. a., t. de fauconnerie, apprivoiser un oiseau de proie.	1	affait
AFFALER, v. a., t. de mar., peser sur un cordage pour le faire descendre.	1	affal
AFFAMER, v. a., causer la faim, prendre, ôter les vivres. — une ville assiégée.	1	affam
AFFÉAGER, v. a., t. de coutume, donner à féage, en fief, de confiance, sans écrit.	1	afféag
AFFECTER, v. a., faire ostentation d'une chose, en faire un usage excessif.	1	affect
AFFECTIONNER, v. a. aimer, préférer, avoir de l'affection pour....	1	affectionn
AFFERMER, v. a., céder la jouissance d'une propriété moyennant paiement.	1	afferm
AFFERMIR, v. a., rendre consistant, durable et ferme. — le courage, l'autorité.	2	afferm
AFFICHER, v. a., informer par les affiches. — une loi, — une ordonnance.	1	affich
AFFILER, v. a., aiguiser un instrument tranchant. — un couteau, un poignard.	1	affil
AFFILIER, v. a., associer, admettre à une corporation, à une communauté.	1	affili
AFFINER, v. a., rendre plus fin, plus pur; purifier par le feu.	1	affin
AFFIRMER, v. a., assurer, soutenir qu'une chose est telle qu'on le dit.	1	affirm
AFFLEURER, v. a., mettre deux choses contiguës au même niveau.	1	affleur
AFFLIGER, v. a., causer de la douleur, de la peine; mortifier, désoler.	1	afflig
AFFLUER, v. n., couler en abondance. Fig., arriver en foule. Tout afflue ici.	1	afflu
AFFOLER, v. n., être passionné jusqu'à la folie. Il affole de cette musique.	1	affol
AFFOURCHER, v. a., t. de mar., disposer deux ancres en croix en forme de fourche.	1	affourch
AFFRANCHIR, v. a., rendre libre. Fig., exempter d'une servitude. — une lettre.	2	affranch
AFFRÉTER, v. a., t. de m., prendre un vaisseau à louage, en totalité ou en partie.	1	affr
AFFRIANDER, v. a., rendre friand, attirer par quelque chose d'agréable.	1	affriand
AFFRIOLER, v. a. attirer par quelque appât. — un oiseau.	1	affriol
AFFRONTER, v. a., attaquer de front et avec hardiesse. — l'ennemi.	1	affront
AFFUBLER, v. a., habiller d'une manière étrange. Fig., s'affubler de quelqu'un.	1	affubl
AFFÛTER, v. a., dresser un canon sur son affût. — aiguiser des outils.	1	affût
AGACER, v. a., causer un effet désagréable aux dents. Fig., taquiner, irriter.	1	aga
AGENCER, v. a., arranger, mettre en ordre. Tout cela est assez bien agencé.	1	agen
AGENOUILLER (S'), v. pron., poser les genoux par terre. Se dit aussi des animaux.	1	agenouill
AGGLOMÉRER, v. a., assembler, amonceler mettre l'un sur l'autre.	1	agglom..
AGGLUTINER, t. de méd., rejoindre, réunir les chairs séparées par une plaie.	1	agglutin
AGGRAVER, v. a., rendre plus grave, plus difficile. — sa faute, — sa peine.	1	aggrav
AGIOTER, v. n., vendre ou acheter des effets sur les fonds publics.	1	agiot
AGIR, v. n., faire quelque chose. — en honnête homme. — avec prudence.	2	ag
AGITER, v. a., mouvoir, secouer, ébranler. Fig., troubler. La colère l'agite.	1	agit
AGNELER (*), v. n., se dit d'une brebis qui met bas. — Se conjugue à la 3e pers.	1	agn..
AGONISER, v. n., être à l'agonie. Se dit d'un malade mourant, — il agonise.	1	agonis
AGRAFER, v. a., attacher avec une agrafe. — une robe, — un manteau.	1	agraf
AGRANDIR, v. a., rendre, faire plus grand. — ses domaines, — sa puissance.	2	agrand
AGRÉER, v. a., accueillir favorablement. — une proposition, — une demande.	1	agré
AGRÉGER, v. a., recevoir, associer, admettre dans une société, dans un corps.	1	agr..
AGRIFFER (S'), v. pr., s'attacher avec les griffes. Le chat s'agriffe à votre robe.	1	agriff
AGRIPPER, v. a., prendre, saisir avidement. Elle agrippe tout ce qu'elle voit.	1	agripp
AGROUPER, v. a., t. de peint., disposer en groupe. Voy. GROUPER.	1	agroup
AGUERRIR, v. a., habituer aux fatigues de la guerre. Fig., — à la raillerie.	2	aguerr
AHANER v. n., cri pénible que fait entendre un fendeur de bois. Ahan!	1	ahan
AHEURTER, v. a. obstiner. Vieux mot qui ne s'emploie plus.	1	aheurt
AHURIR, v. a., étourdir, troubler, étéler. — à force de questions.	2	ahur
AIDER, v. a. assister, porter secours, — servir, contribuer à..	1	aid
AIGRIR, v. a., rendre aigre: le levain aigrit la pâte. Fig., irriter. — le caractère.	2	aigr
AIGUAYER, v. a., laver dans l'eau. — un cheval; le baigner à la rivière.	1	aiguay
AIGUILLER, v. a., t. de chir., ôter la cataracte de l'œil avec une aiguille.	1	aiguill
AIGUILLETER, v. a., signifie attacher avec des aiguillettes. T. de mar., lier a...	1	aiguill..
AIGUILLONNER, v. a., piquer un bœuf avec l'aiguillon. Fig., exciter, animer.	1	aiguillonn
AIGUISER, v. a., rendre plus pointu, plus aigu, plus tranchant. — un couteau.	1	aiguis
AIMANTER, v. a., transmettre la propriété de l'aimant à un autre corps.	1	aimant
AIMER, v. a., avoir de l'attachement, de l'amitié pour quelqu'un — Dieu.	1	aim
AIRER, v. n., t. de fauc., faire son nid. Ne se conjugue qu'à la 3e personne.	1	air
AJOURNER, v. a., remettre à un autre jour. — une cause, — une partie.	1	ajourn
AJOUTER, v. a., joindre une chose à une autre, mettre davantage.	1	ajout
AJUSTER, v. a., rendre juste un poids, une balance. — un habit à sa taille.	1	ajust
ALAMBIQUER, v. a. passer à l'alambique. Fig. discours alambiqué.	1	alambiqu
ALARGUER, v. n., prendre le large, s'éloigner d'un vaisseau ou de la côte.	1	alargu
ALARMER, v. a., causer de l'épouvante, de l'inquiétude, donner l'alarme.	1	alarm
ALCALISER, v. a., t. de chim., tirer l'acide d'un sel neutre par le moyen du feu.	1	alcalis
ALCOOLISER, v. a., t. de chim., réduire en poudre impalpable.	1	alcoolis
ALEVINER, v. a., jeter du menu poisson, de l'alevin dans un étang.	1	alevin
ALIÉNER, v. a., céder, vendre, transférer une propriété — une rente. — son bien.	1	alién
ALIGNER, v. a., mettre sur une même ligne droite. — des arbres.	1	align
ALIMENTER, v. a., nourrir, fournir des aliments nécessaires. Fig., entretenir.	1	aliment
ALITER v. a., réduire à garder le lit, cette fièvre l'a alité.	1	alit
ALLAITER, v. a., nourrir un enfant de son lait. Se dit aussi des mammifères.	1	allait

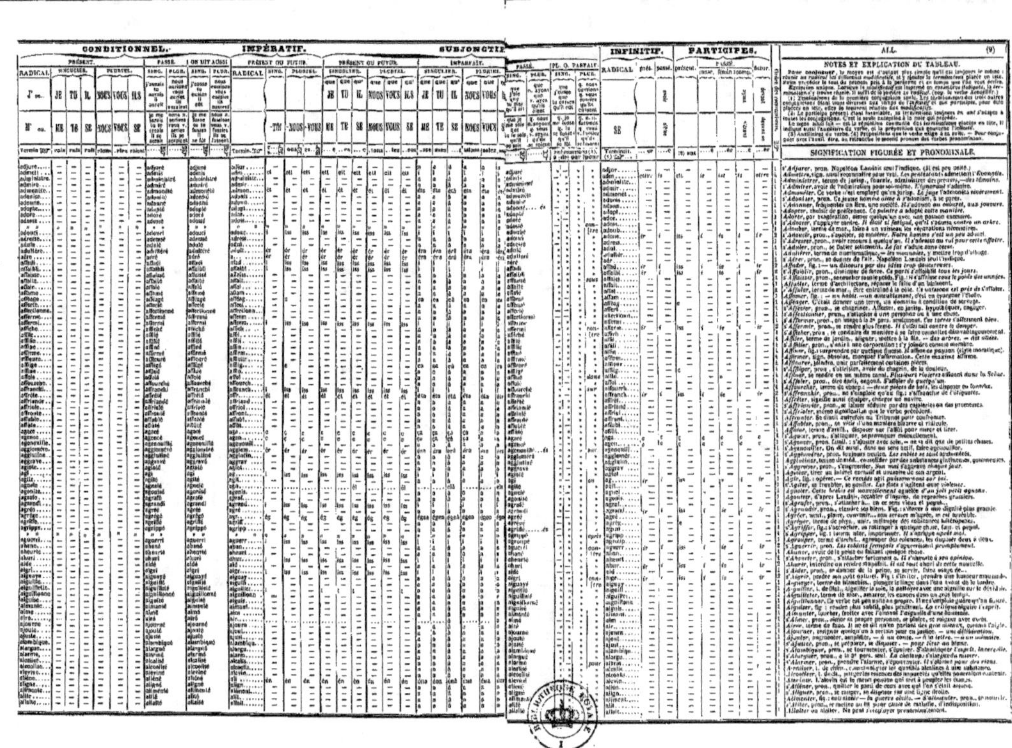

CONDITIONNEL. | IMPÉRATIF. | SUBJONCTIF. | INFINITIF. | PARTICIPES.

NOTES ET EXPLICATION DU TABLEAU.

SIGNIFICATION FIGURÉE ET PRONOMINALE.

NOTES ET RENSEIGNEMENTS.

(1) La première ligne des pronoms, JE, TU, IL, etc., sert à conjuguer tous les verbes.
(2) On y ajoute la seconde ligne, ME, TE, SE, etc., pour les verbes pronominaux. On remplace l'*e* par une apostrophe devant une voyelle ou un *h* muet. On remplace les pronoms *il*, *ils*, par *elle*, *elles*, pour conjuguer au féminin.
(3) Terminaisons... { (a) de la première, (b) servant aux quatre / (c) des deuxième, troisième et quatrième } conjugaisons.
(4) *Exception*. Nous remplacerons le *j* par un *d* dans le subjonctif des verbes en *dre*.
(5) Cette colonne indique, par un chiffre, à quelle conjugaison appartient le verbe.
(6) Le participe passé, qu'il faut joindre à chaque personne dans les temps composés, n'est indiqué qu'une seule fois pour chaque groupe, ce qui nous permet de placer sous le prétérit indéf. de l'indicatif, l'infin. Allemand ; sous le prétérit antér., l'infin. Anglais, qui doit toujours être précédé de la préposition *to*. — Les verbes remplacés par des guillemets manquent ou ne peuvent être traduits que par une périphrase trop longue.

DICTIONNAIRE.

Dictionnaire	Conj. (5)	Infinitif allemand	Infinitif anglais
ALLANGOURIR (s'), v. pron., devenir défaillant, être en langueur, affaibli.	2	matt machen	grow weak
ALLANGUIR, v. a., rendre languissant. *Le chagrin allanguit cette femme.*	2	matt machen	languishing make
ALLÉCHER, v. a., amorcer. *On allèche les rats et les souris avec du lard.*	1	anlocken	entice
ALLÉGER, v. a., rendre plus léger, diminuer le poids d'un fardeau.—*un plancher.*	1	erleichtern	lighten
ALLEGERIR, v. a., t. de man., rendre un cheval plus léger du devant que du derrière.	2	lindern	make a horse ligh-
ALLÉGIR, v. a., diminuer dans tous les sens le volume, l'épaisseur d'un corps.	2	verkleinern	make small [ter
ALLÉGORISER, v. a., expliquer, développer selon le sens allégorique.	1	auslegen	allegorize
ALLÉGUER, v. a., rapporter, citer, mettre en avant.—*un fait.*—*des excuses.*	1	anführen	allege
ALLER, v. n., marcher, se mouvoir, se transporter d'un lieu dans un autre.	1	gehen	go
ALLÉSER, v. a., t. d'artillerie qui signifie agrandir le calibre d'un canon.	1	ein canon ausbohren	enlarge the caliber
ALLIER, v. a., mêler, incorporer les métaux. *Allier l'or avec l'argent.*	1	vermischen [ren	ally [of a gun
ALLONGER, v. a., rendre plus long. — *une table.* — *un habit.*	1	verlängern	lengthen
ALLOUER, v. a., approuver, passer une dépense en compte. — *une indemnité.*	1	einräumen	allow
ALLUDER, v. n., faire allusion. *Cette inscription allude à une figure.* (Peu usité.)	1	anspielen	allude
ALLUMER, v. a., mettre le feu à quelque chose de combustible. — *une bougie.*	1	anzünden	light
ALOURDER, v. a., importuner, assommer de propos insignifiants. (Peu usité.)	1	belästigen	vex
ALOURDIR, v. a., rendre lourd, appesantir. *Les années l'ont alourdi.*	2	betäuben	dull
ALOYER, v. a., donner à l'or ou à l'argent l'aloi ou le titre légal.	1	der gehalt geben	alloy gold or silver
ALTÉRER, v. a., changer, falsifier la nature ou les qualités d'une chose.	1	verfälschen	alter
ALTERNER, v. n., faire *alternativement* tantôt une chose, tantôt une autre.	1	abwechseln	alternate
ALTERQUER, v. a., disputer, débattre, contester. — *une question.* (Inusité.)	1	streiten [übe-	contest
ALUNER, v. a., tremper dans l'eau d'*alun* ; asperger d'alun, imprégner d'alun.	1	in alaunwasser tau-	steep in alumwater
AMABILISER, v. a., rendre aimable. *La société des femmes amabilise les hommes.*	1	liebenswürdig ma-	amiable make
AMADOUER, v. a., flatter quelqu'un pour avoir de lui ce qu'on désire.	1	liebkosen [chen	flatter
AMAIGRIR, v. a., rendre maigre. *Le travail l'a beaucoup amaigri.*	2	abmagern	make lean
AMALADIR (s'), v. pron., garder le lit pour peu de chose. Ce mot est vieux et inusité.	2	sich krank machen	pamper one's self
AMALGAMER, v. a., t. de chim., unir l'or, l'argent ou l'étain avec le mercure.	1	verquicken	calcine with quick-
AMATER, v. a., t. de mar., commander aux matelots de serrer la voile.	1	hauen [richten	» » [silver
AMARINER, v. a., t. de mar., habituer un homme, un équipage à la mer. (Fam.)	1	seefahren	to the sea accustom
AMARRER, v. a., t. de mar., lier, attacher un vaisseau avec une amarre.	1	Tau anbinden	belace
AMASSER, v. a., faire un amas, mettre ensemble.—*du bien.*—*de l'argent.*	1	häufen	gather
AMATINER, v. a., faire couvrir une chienne par un chien d'une espèce différente.	1	hunds-vermischung	» » [ver
AMATIR, v. a., t. d'orfèv., rendre mat l'or ou l'argent en leur ôtant leur poli.	2	unpoliert lassen	unpolish gold or sil-
AMBITIONNER, v. a., rechercher avec ardeur les honneurs, les richesses.	1	begierig	ambitiously seek af-
AMBLER, v. n., t. de man., aller l'amble, lever ensemble les pieds du même côté.	1	den pass gehen	amble [ter
AMBRER, v. a., parfumer avec de l'ambre. — *des gants.* — *une liqueur.*	1	ambra rauchen	perfume with ambre-
AMBULER, v. n., marcher, se promener. *Nous ambulâmes toute la nuit.* (Inusit.)	1	spazieren	fetch a walk [gris
AMÉLIORER, v. a., rendre meilleur. *La chaleur améliore les fruits et le vin.*	1	verbessern	improve
AMÉNAGER, v. a., t. d'eaux et forêts, régler les coupes des bois, taillis et futaies.	1	die waldungen be-	cut out wood for
AMENDER, v. a., changer en mieux. *Les bons conseils ont amendé cet homme.*	1	bessern [nutzen	mend [sale
AMENER, v. a., mener, conduire en quelque endroit, ou vers quelqu'un.	1	bringen	bring
AMENUISER, v. a., rendre plus menu, plus mince.—*un bâton.*—*une cheville.*	1	abhobeln	make smaller
AMESTRER, v. a., t. d'arts et de métiers, faire une préparation de teinture.	1	färben	» »
AMESURER, v. a., réduire une chose à sa juste valeur, lui donner son prix.	1	abschätzen	appraise
AMEUBLIR, v. a., rendre meuble ou de nature mobilière. — *un héritage.*	2	umstechen	make moveable
AMEULONNER, v. a., mettre en meules les gerbes de blé, de foin ou d'avoine.	1	aufschobern	assemble in mow
AMEUTER, v. a., mettre des chiens en état de bien chasser ensemble.	1	zusammen kop-	keep a pack of dogs
AMIDONNER, v. a., faire de l'amidon, mélanger quelque chose avec de l'amidon.	1	stärken [peln	steep in starch
AMIGNARDER, v. a., caresser avec une complaisance mêlée de faiblesse.	1	liebkosen	fondle
AMINCIR, v. a., rendre plus mince. *Les corsets amincissent la taille.*	2	dünner machen	make small
AMNISTIER, v. a., accorder la grâce à des déserteurs, à des rebelles, gracier.	1	verzeihen	pardon
AMODIER, v. a., affermer une ferme en grain ou en argent.	1	verpachten	farm
AMOINDRIR, v. a., diminuer, rendre moindre. *Le noir amoindrit les formes.*	2	vermindern	diminish
AMOITER, v. a., rendre moite, humecter. On disait aussi amoitir. (Vieux.)	1	anfeuchten	moisten
AMOLLIR, v. a., rendre mou et maniable. *La chaleur amollit la cire.*	2	erweichen	mollify
AMONCELER, v. a., mettre en monceaux, entasser. *Le vent amoncelle les sables.*	1	aufhäufen	heap up
AMORCER, v. a., garnir d'amorce, mettre l'amorce.—*un hameçon.*—*un pistolet.*	1	ködern	allure
AMORTIR, v. a., rendre moins ardent.—*la fièvre.*—*le feu* en y jetant de l'eau.	2	schwächen	quench
AMOURACHER (s'), v. pron., se passionner pour...—*d'une fille mal famée.*	1	verlieben	be smitten
AMPASTELER, v. a., t. de teint., donner le bleu de pastel aux étoffes ou aux laines.	1	blau färben	woad
AMPLIER, v. a., t. de pal., le terme d'un paiement, c'est le différer, le remettre.	1	aufschieben	put off
AMPLIFIER, v. a., étendre par le discours. *Il amplifie tout ce que l'on dit.*	1	erweitern	amplify
AMPUTER, v. a., t. de chir., retrancher, couper un membre.—*un blessé.*—*un bras.*	1	abschneiden	amputate
AMUNITIONNER, v. a., pourvoir une ville, une place des munitions nécessaires.	1	munition geben	provide with vic-
AMURER, v. a., t. de mar., bander les cordages pour soutenir la voile contre le vent.	1	spannen	haul aboard [tuals
AMUSER, v. a., divertir agréablement.—*une société par ses joyeux propos.*	1	unterhalten	amuse
ANAGRAMMATISER, v. a., faire l'anagramme, la transposition des lettres d'un mot.	1	versetzung	anagrammatize
ANALYSER, v. a., faire l'analyse ou la décomposition d'un tout en ses parties.	1	auflösen [regen	analyze
ANARCHISER, v. a., livrer à l'anarchie. *Mirabeau anarchisa la France.*	1	ein umwälzung er-	trouble
ANASTOMOSER (s'), v. pron., t. d'anat., se joindre par les extrémités.	1	sich verbinden	join at the extremi-
ANATHÉMATISER, v. a., excommunier. *L'église anathématise les impies.*	1	verfluchen	anathematize [ties
ANATOMISER, v. a., faire l'anatomie d'un corps, en rechercher la structure.	1	zergliedern	anatomize
ANCHER, v. a., t. de luthier, garnir un instrument de musique de ses anches.	1	das mundstück set-	furnish with a reed
ANCRER, v. n., t. de mar., jeter l'ancre. Ce mot n'est plus usité parmi les marins.	1	ankern [zen	anchor
ANÉANTIR, v. a., réduire au néant. *L'ivrognerie anéantit l'intelligence.*	2	vernichten	destroy
ANGARIER, v. a., obliger, contraindre à une corvée, tourmenter. (Inusité.)	1	quälen	persecute
ANGÉLISER, v. a., assimiler aux anges. *Les mères angélisent leurs enfants.*	1	mit den engeln	to the angels com-
ANGLAISER, v. a., couper la queue d'un cheval à la manière anglaise.	1	verenglischen	» » [pare
ANGLOMANISER, v. a., imiter les Anglais. *La mode anglomanise tout.*	1	» »	the English imitate
ANGOISSER, v. a., inquiéter, affliger. *Cette nouvelle l'angoisse fortement.*	1	ängstigen	afflict
ANIMALISER, v. a., assimiler la matière végétale à la substance animale.	1	thierähnlich ma-	» »
ANIMER, v. a., donner l'âme, la vie à un corps. — *Dieu anima l'homme.*	1	beleben [chen	animate
ANISER, v. a., mêler à quelque chose de l'extrait d'anis ; couvrir d'anis.	1	mit anis würzen	lay over with ani-
ANNELER, v. a., friser les cheveux, les former en anneaux.—*cheveux annelés.*	1	kräuseln	curl [sed
ANNEXER, v. a., t. de jurisp., unir, joindre.—*une pièce à un dossier.*	1	anhängen	annex
ANNIHILER, v. a., anéantir, casser.—*un acte.*—*un testament.*—*une donation.*	1	vernichten	annihilate
ANNONCER, v. a., faire savoir, publier. *Les prophètes ont annoncé le Messie.*	1	ankündigen	declare
ANNONCHALIR (s'), devenir nonchalant. (Vieux mot, aujourd'hui inusité.)	2	nachlässig werden	be careless
ANNOTER, v. a., faire des notes sur un texte.—*le code des lois.*	1	anmerken [ben	make annotations
ANNULER, v. a., rendre nul, casser, abolir. *Nous avons annulé ce marché.*	1	vernichten aufhe-	abrogate

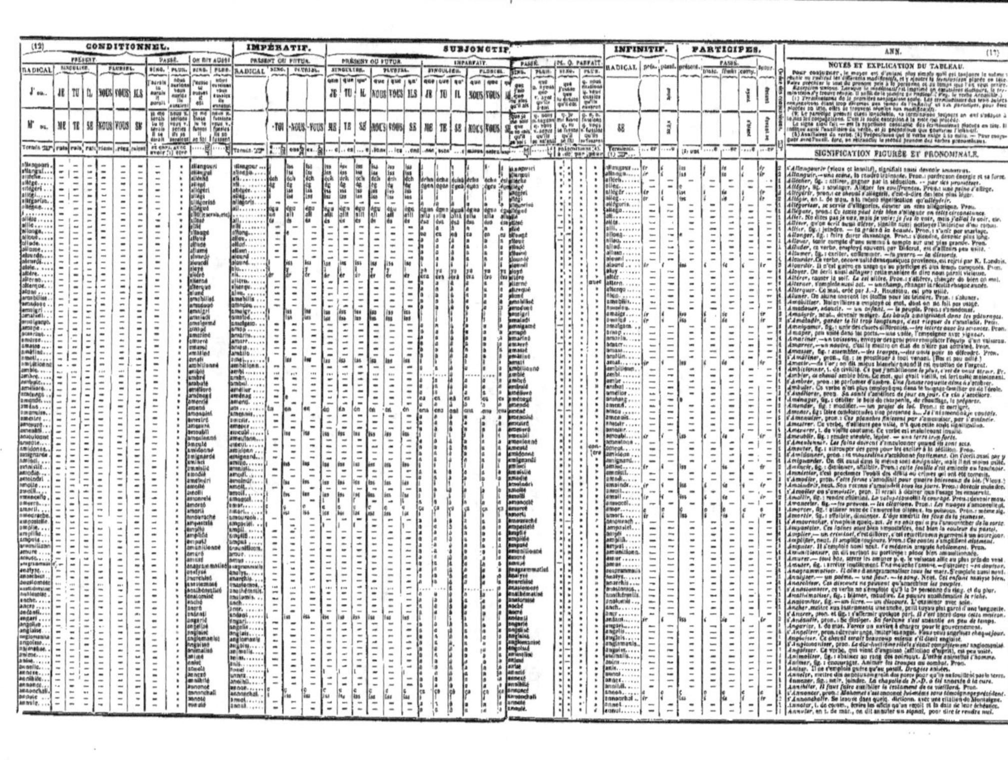

(12) CONDITIONNEL. — IMPÉRATIF. — SUBJONCTIF. — INFINITIF. — PARTICIPES.

ANN. (17)

NOTES ET EXPLICATION DU TABLEAU.

Pour conjuguer, le moyen est d'unir, plus simple qu'il est toujours le même : réunir au radical les différents modificatifs, et y ajouter la terminaison placée en tête. Faire précéder le tout du pronom pris à la personne et au temps que l'on veut écrire.

Exception unique. Lorsque le modificatif est imprimé en caractères italiques, la terminaison s'y trouve réunie. Il suffit de le joindre au radical. (Voy. le verbe *Accueillir*.)

(1) Terminaisons de la première conjugaison seule. Les terminaisons des trois autres conjugaisons étant trop diverses aux temps de l'infinitif et aux participes, pour être placées en tête, elles se trouvent réunies aux modificatifs.

(2) Le participe présent étant invariable, sa terminaison toujours en *ant* s'adapte à toutes les conjugaisons. C'est la seule exception à la note qui précède.

Le signe ainsi fait — est la répétition constante des terminaisons placées en tête. Il indique aussi l'auxiliaire du verbe, et la préposition que gouverne l'infinitif.

(3) Auxiliaires du verbe. (4) Prépositions que le verbe exige à sa suite. — Pour conjuguer avec l'auxil. *être*, on retranche le second pronom des verbes pronominaux.

SIGNIFICATION FIGURÉE ET PRONOMINALE.

S'*Allangourir* (vieux et inusité), signifiait aussi devenir amoureux.
Allanguir, — *une scène*, la rendre traînante. Pron. : perdre son énergie et sa force.
Allécher, fig. : attirer, gagner par la séduction. — *par des promesses*.
Alléger, fig. : soulager. Alléger *les souffrances*. Pron. : *une peine s'allège*.
Allégérir, pron. : *ce cheval s'allégerit*, c'est-à-dire devient plus léger.
Allégir, en t. de mau. a la même signification qu'*allégérir*.
Allégoriser, se servir d'allégories, donner un sens allégorique. Pron.
Alléguer, pron. : *Ce texte peut très bien s'alléguer en cette circonstance*.
Aller. Ne dites pas *je vas*, mais *je vais*; *je fus le voir*, mais *j'allai le voir*, etc.
Alléser, qu'on écrit aussi *aléser*, signifie aussi nettoyer l'intérieur d'un canon.
Allier, fig. : joindre. — *la grâce à la beauté*. Pron. : s'unir par mariage.
Allonger, fig. : faire durer davantage. Pron. : s'étendre, devenir plus long.
Allouer, tenir compte d'une somme à compte sur une plus grande. Pron.
Allūder, ce verbe, employé souvent par Diderot, est d'ailleurs peu usité.
Allumer, fig. : exciter, enflammer. — *la guerre* — *la discorde*.
Alourder. Ce verbe, encore usité dans quelques provinces, est rejeté par N. Landais.
Alourdir. Il n'est guère en usage qu'au participe et aux temps composés. Pron.
Aloyer. On écrit aussi *allayer*; cette manière de dire nous paraît vicieuse.
Altérer, causer la soif. *Le sel altère*. Pron. : s'altérer, changer du bien en mal.
Alterner, s'emploie aussi act. — *un champ*, changer la récolte chaque année.
Alterquer. Ce mot, créé par J.-J. Rousseau, est peu usité.
Aluner. On alune souvent les étoffes pour les teindre. Pron. : s'aluner.
Ambitiser. Boiste a employé ce mot, dont on ne fait pas usage.
Amadouer, adoucir. — *un enfant*. — *le peuple*. Pron. : s'amadouer.
Amaigrir, neut., devenir maigre. *Les bœufs amaigrissent dans les pâturages*.
s'*Amaladir*, *garder le lit trop longtemps, c'est risquer de s'amaladir*. Pron.
Amalgamer, fig. : unir des choses différentes. — *les lettres avec les sciences*. Pron.
Amaper, peu usité dans les ports. — *une voile*, l'empoigner avec vigueur.
Amariner, — *un vaisseau*, envoyer des gens pour remplacer l'équip. d'un vaisseau.
Amarrer, — *un navire*, c'est le mettre en état de n'être pas entraîné. Pron.
Amasser, fig. : assembler. — *des troupes*, — *des amis pour se défendre*. Pron.
s'*Amatiner*, pron., fig. : se prostituer à tout venant. (Bas et peu usité.)
Amatir, — *de l'or*; on dit mieux blanchir quand il est question de l'argent.
Ambitionner, t. de civilité. *Ce que j'ambitionne le plus, c'est de vous revoir*. Pr.
Ambler, *ce cheval amble bien*. Ce mot, qui avait vieilli, est fort usité maintenant.
s'*Ambrer*, pron. : se parfumer d'ambre. *Une femme coquette aime à s'ambrer*.
Ambuler. Ce verbe n'est plus employé que dans le langage familier ou de l'école.
s'*Améliorer*, pron. *Sa santé s'améliore de jour en jour*. *Ce vin s'améliore*.
Aménager, fig. : débiter le bois de charpente, de chauffage, le préparer.
Amender, fig. : modifier. — *un projet de loi*. Pron. : se corriger.
Amener, fig. : faire condescendre une personne à... *Je l'ai amené à ce que je voulais*.
s'*Amenuiser*, pron. : *Ces planches finissent par s'amenuiser, par s'amincir*.
Amestrer. Ce verbe, d'ailleurs peu usité, n'a que cette seule signification.
Amesurer, t. de vieille coutume. Ce verbe est maintenant inusité.
Ameublir, fig. : rendre meuble, léger. — *une terre trop forte*.
s'*Ameulonner*. *Les foins doivent s'ameulonner quand ils sont secs*.
Ameuter, fig. : attrouper des gens pour les exciter à la sédition. Pron.
s'*Amidonner*, pron. : *la mousseline s'amidonne facilement*. On l'écrit aussi par y.
Amignarder. On dit aussi dans le même sens *amignoter*, mais il est moins usité.
Amincir, fig. : diminuer, affaiblir. Pron. : *cette feuille s'est amincie au laminoir*.
Amnistier, c'est proclamer l'oubli des délits ou crimes qui ont été commis.
s'*Amodier*, pron. *Cette ferme s'amodiait pour quatre boisseaux de blé*. (Vieux.)
Amoindrir, neut. *Son revenu s'amoindrit tous les jours*. Pron. : devenir moindre.
s'*Amoiter* ou s'*amoistir*, pron. Il serait à désirer que l'usage les conservât.
Amollir, fig. : rendre efféminé. *La volupté amollit le courage*. Pron. : devenir mou.
Amonceler, fig. — *les preuves*. — *les citations*. Pron. : *Les nuages s'amoncellent*.
Amorcer, fig. : attirer avec de l'amorce les oiseaux, les poissons. Pron. : même sig.
Amortir, fig. : affaiblir, diminuer. *L'âge amortit les feux de la jeunesse*.
s'*Amouracher*, s'emploie quelq. act. *Je ne sais qui a pu l'amouracher de la sorte*.
Ampasteler. *Ces laines sont bien ampastelées, ont bien la couleur du pastel*.
Amplier, — *un criminel*, c'est différer, c'est remettre son jugement à un autre jour.
Amplifier, neut. *Il amplifie toujours*. Pron. : *Ces contes s'amplifient aisément*.
Amputer. Il s'emploie aussi neut. *Ce médecin ampute habilement*. Pron.
Amunitionner, on dit surtout au participe : *place bien amunitionnée*.
Amurer, — *tout bas*, serrer les amures p. q. le vaisseau aille au plus près du vent.
Amuser, fig. : arrêter inutilement. *Une mouche l'amuse*, — distraire : — *sa douleur*.
Anagrammatiser. *Il aime à anagrammatiser tous les mots*. S'emploie aussi neut.
Analyser. — *un poème*. — *une fleur*. — *le sang*. Neut. *Cet enfant analyse bien*.
Anarchiser. *Ces discours ne peuvent qu'anarchiser les peuples*.
s'*Anastomoser*, ce verbe ne s'emploie qu'à la 3e personne du sing. et du plur.
Anathématiser, fig. : blâmer, maudire. *Le pauvre anathématise le riche*.
Anatomiser, fig. — *un livre*. — *un discours*. L'examiner avec soin.
Ancher, mettre aux instruments une anche, petit tuyau plat garni d'une languette.
s'*Ancrer*, pron. et fig. : s'affermir quelque part. *Il s'est ancré dans cette maison*.
s'*Anéantir*, pron. : Se dissiper. *Sa fortune s'est anéantie en peu de temps*.
Angarier, t. de mar. Forcer un navire à charger pour le gouvernement.
s'*Angeliser*, pron. : devenir ange, imiter les anges. *Vous vous angélisez chaque jour*.
Angloiser. *Ce cheval serait beaucoup mieux s'il était anglaisé*.
s'*Anglomaniser*, pron. *Le dix-huitième siècle s'était complètement anglomanisé*.
Angoisser. Ce verbe, qui vient d'angoisse (affliction d'esprit), est peu usité.
Animaliser, fig. : abaisser au rang des animaux. *L'athée animalise l'homme*.
Animer, fig. : encourager. Animer *les troupes au combat*. Pron.
Aniser. Il ne s'emploie guère qu'au passif. *Dragées anisées*.
Anneler, mettre des anneaux au groin des porcs pour qu'ils ne fouillent pas la terre.
Annexer, fig. : unir, joindre. *La chapelle de N.-D. a été annexée à la cure*.
Annihiler, *Il faut faire annihiler le testament de ce vieillard*. Pron.
s'*Annoncer*, pron. : *Mahomet s'est annoncé lui-même sans témoignage précédent*.
s'*Annonchalir*. Se trouve dans quelq. diction. avec une citation de Montaigne.
Annoter, t. de comm., écrire les effets qu'on reçoit et la date de leur échéance.
Annuler, en t. de mar., on dit annuler un signal, pour dire le rendre nul.

NOTES ET RENSEIGNEMENTS.

(1) La première ligne des pronoms, JE, TU, IL, etc., sert à conjuguer tous les verbes
(2) On y ajoute la seconde ligne, ME, TE, SE, etc., pour les verbes pronominaux.
On remplace l'e par une apostrophe devant une voyelle ou un h muet.
On remplace les pronoms il, ils, par elle, elles, pour conjuguer au féminin.
(3) Terminaisons... (a) de la première, (b) servent aux quatre conjugaisons. (c) des deuxième, troisième et quatrième
(4) Exception. Nous remplacerons le j par un d dans le radical des verbes en dre.
(5) Cette colonne indique, par un chiffre, à quelle conjugaison appartient le verbe.
(6) Le participe passé, qu'il faut répéter à chaque personne des temps composés, n'est indiqué qu'une seule fois par chaque groupe; ce qui nous permet de placer sans le présent indéf. de l'indicatif, l'imm. Allemand, sous le prétérit antér., l'imm. Anglais, qui doit toujours être précédé de la préposition to. — Les verbes remplacés par des guillemets manquent ou ne peuvent être traduits que par une périphrase trop longue.

DICTIONNAIRE.

Dictionnaire	Ordre des conjugaisons (5)
ANOBLIR, v. a., rendre noble, conférer des titres de noblesse à quelqu'un.	2
ANONNER, v. n., (p. onomatopée de on, on), parler avec peine, en hésitant.	1
ANORDIR, v. n., t. de mar., se dit des vents lorsqu'ils approchent du nord.	2
ANSER, v. a., t. de boisselier, garnir une pièce quelconque d'une anse.	1
ANTICIPER, v. a., prévenir, faire avant le temps. *Il a anticipé le paiement.*	1
ANTIDATER, v. a., mettre à un écrit une date antérieure à la véritable.	1
ANTIQUER, v. a., t. de rel., enjoliver la tranche d'un livre à la manière ancienne.	1
ANTOISER, v. a., t. d'agricult., empiler, mettre en pile, en parlant du fumier.	1
ANUER, t. de chasse. — *des perdrix*, choisir le moment pour les tirer au vol.	1
ANUITER (s'), v. pron., s'exposer à être surpris en chemin par la nuit.	1
APAISER, v. a., adoucir, calmer. *La prière apaise Dieu. L'eau apaise la soif.*	1
APANAGER, v. a., donner à un prince un *apanage* pour vivre convenablement.	1
APATHISER, v. a., rendre apathique. *Les grandes souffrances nous apathisent*	1
APERCEVOIR, v. a., commencer à voir, découvrir, remarquer, faire attention.	3
APERCHER, v. a., t. de chasse, remarquer l'endroit où un oiseau se retire la nuit.	1
APETISSER, v. a., rendre plus petit, diminuer. *L'éloignement apetisse.*	1
APIQUER, v. n., t. de mar., mettre à pic, mettre dans une situation verticale.	1
APITOYER, v. a., exciter la pitié, attendrir. *Rien n'a pu l'apitoyer sur mon sort.*	1
APLAIGNER, v. a., t. de manuf., tirer des étoffes de laine les poils avec des chardons.	1
APLANIR, v. a., rendre uni ce qui était inégal. — *un terrain.* — *une montagne.*	2
APLATIR, v. a., rendre plat, surtout en comprimant ce qui est trop élevé.	2
APOSTASIER, v. n., abandonner une religion pour en embrasser une autre.	1
APOSTER, v. a., proprement : mettre quelqu'un dans un poste (en mauv. part.)	1
APOSTILLER, v. a., mettre une note au bas d'un écrit. — *une pétition.*	1
APOSTROPHER, v. a., parler à une personne ou à une chose personnifiée.	1
APOSTUMER, v. n., t. de méd., se dit d'un abcès qui perce. *Son abcès a percé.*	1
APPARAITRE, v. n., se rendre visible. *Dieu apparut à Moïse sur la montagne.*	3
APPAREILLER, v. a., joindre ensemble deux choses pareilles. — *des chevaux.*	1
APPARENTER, v. n., donner des parents par alliance. *Être mal apparenté.*	1
APPARESSER, v. a., appesantir l'esprit, le rendre lourd, engourdi, paresseux.	1
APPARIER, v. a., assortir, unir par paires. — *des gants.* — *des chevaux.*	1
APPAROIR, v. n., t. de palais, être évident. *Il a fait apparoir de son bon droit.*	3
APPARTENIR, v. n., être la propriété de quelqu'un soit de fait, soit de droit.	2
APPATER, v. a., attirer avec un appât. *Il faut appâter les oiseaux, les poissons.*	1
APPAUVRIR, v. a., rendre pauvre. *Les spéculations ont fini par l'appauvrir.*	2
APPELER, v. a., nommer, faire venir. — *le médecin.* Jurisp., citer en justice.	1
APPENDRE, v. a., attacher, suspendre à une voûte, à des piliers, à une muraille.	4
APPESANTIR, v. a., rendre plus pesant, moins actif. *L'âge appesantit.*	2
APPETER, v. a., désirer vivement par instinct. *L'estomac appète les aliments.*	1
APPIÉCER, v. a., rapiécer ou mettre des pièces. *Ce tailleur appièce bien.*	1
APPIÉTRIR, v. n., devenir piètre, mauvais, faux. [illegible]	2
APPLAUDIR, v. a., battre des mains en signe d'approbation. — *une pièce de théâtre.*	2
APPLIQUER, v. a., mettre une chose sur une autre. — *des couleurs sur une toile.*	1
APPOINTER, v. a., donner des appointements. *On l'a appointé de mille écus.*	1
APPOINTIR, v. a., aiguiser de pointe, rendre pointu. *Il a appointi ce pieu.*	2
APPORTER, v. a., porter d'un lieu à un autre. *Apportez-moi ce livre.*	1
APPOSER, v. a., t. de jurispr., appliquer, mettre dessus. — *les scellés.*	1
APPRÉBENDER, v. a., assurer la prébende, le revenu attaché à une chanoinerie.	1
APPRÉCIER, v. a., évaluer une chose, en fixer le prix, la valeur, *un meuble.*	1
APPRÉHENDER, v. a., t. de jurispr., prendre, saisir une personne.	1
APPRENDRE, v. a., acquérir ou enseigner quelque connaissance. — *une langue.*	4
APPRÊTER, v. a., préparer, mettre en état, assaisonner. *Mets bien apprêté.*	1
APPRIVOISER, v. a., rendre moins farouche. Il se dit au propre et au fig.	1
APPROCHER, v. a., mettre près. — *la table.* Être en faveur. — *de l'empereur.*	1
APPROFONDIR, v. a., rendre plus profond, creuser. — *un fossé.* — *un puits.*	2
APPROPRIER, v. a., proportionner, adapter. — *les lois aux mœurs, aux opinions.*	1
APPROUVER, v. a., agréer, donner son approbation à. — *une démarche.*	1
APPROVISIONNER, v. a., faire l'approvisionnement de... — *une armée.*	1
APPROXIMER, v. a., être très voisin. *La forêt approxime le village.*	1
APPUYER, v. a., soutenir par le moyen d'un appui. — *une échelle contre un mur.*	1
APURER, v. a., vérifier un compte, et si le comptable peut être reconnu quitte.	1
ARABISER, v. a., donner aux choses un air, aux mots une terminaison arabe.	1
ARAMBER, v. a., t. de mar., accrocher un bâtiment ennemi pour venir à l'abordage.	1
ARAMER, v. a., mettre une pièce de drap sur un rouleau pour la tirer.	1
ARASER, v. a., t. de maçonnerie, égaliser les parties basses d'un bâtiment.	1
ARBITRER, v. a., estimer en qualité d'arbitre. — *une affaire.* — *un compte.*	1
ARBORER, v. a., planter quelque chose droit comme un arbre. — *la croix.*	1
ARC-BOUTER, v. a., t. de maçonn., appuyer au moyen d'un arc-boutant. — *une voûte.*	1
ARCHITECTURER, v. a., en style burlesque au lieu de — *construire.*	1
ARÇONNER, v. a., t. de chapelier, battre, préparer la laine avec l'arçon.	1
ARDER, v. a., brûler. *Le feu de saint Antoine vous arde!* Imprécation popul.	1
ARÉNER, v. n., t. d'arch., s'abaisser, s'affaisser par le poids. *Bâtiment aréné.*	1
ARER, v. n., t. de mar., chasser sur ses ancres. Ce mot est vieux et inusité.	1
ARGENTER, v. a., couvrir de feuilles d'argent, appliquer l'argent sur le métal.	1
ARGOTER, v. a., parler l'argot, le jargon propre aux gueux et aux voleurs.	1
ARGUER, v. a., t. de jurispr., accuser, reprendre, contredire. — *une pièce de faux.*	1
ARGUMENTER, v. a., faire un ou plusieurs argumens. — *contre quelqu'un.*	1
ARIMER, v. a., t. d'épinglier, arranger, ajuster le poinçon sur l'enclume.	1
A[illegible]ER, v. a., t. de mar., travailler à s'amarrer dans un port.	1
ARMER, v. a., pourvoir d'armes. — *quelqu'un de toutes pièces.* Garnir de canons.	1
ARMORIER, v. a., peindre ou graver des armoiries sur quelque chose.	1
AROMATISER, v. a., mêler des aromates avec quelque chose. — *une sauce.*	1
ARPÉGER, v. n., t. de mus., jouer du violon en le pinçant avec le doigt.	1
ARPENTER, v. a., mesurer un terrain. *Faire arpenter une pièce de terre.*	1
ARQUEBUSER, v. a., tuer à coups d'arquebuse. (Vieux et inusité.)	1
ARQUER, v. a., courber en arc. — *une barre de fer.* Neut., se courber.	1
ARRACHER, v. a., détacher avec effort ce qui tient à quelque chose. — *des arbres.*	1
ARRAISONNER, v. a., chercher à amener quelqu'un à un avis, à une opinion.	1
ARRANGER, v. a., mettre dans un ordre convenable. — *sa bibliothèque.*	1
ARRENTER, v. a., donner à rente une terre. *Il a arrenté toutes ses terres.*	1

INDICATIF : PRÉSENT — IMPARFAIT — PRÉTÉRIT DÉFINI — P. INDÉFINI — P. ANTÉRIEUR — PL. Q. PARFAIT — FUTUR PRÉSENT — F. ANTÉRIEUR. RADICAL. SINGULIER. PLURIEL. J' ou... JE TU IL NOUS VOUS ILS. M' ou... ME TE SE NOUS VOUS SE. PARTICIPE ALLEMAND. ANGLAIS.

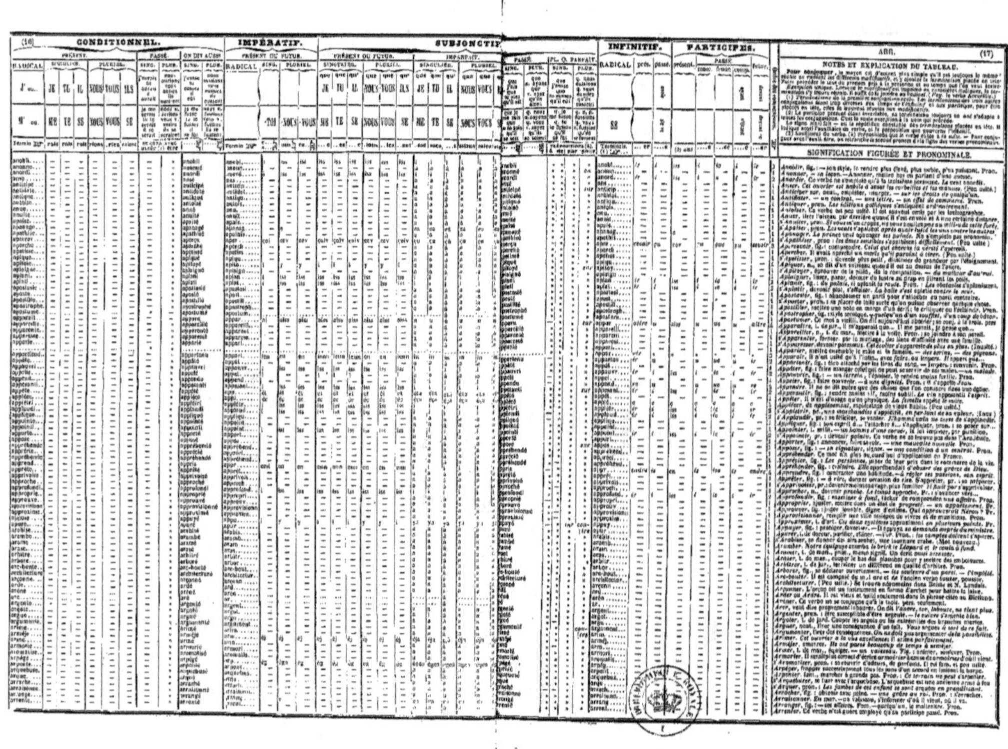

CONDITIONNEL. — IMPÉRATIF. — SUBJONCTIF. — INFINITIF. — PARTICIPES.

NOTES ET EXPLICATION DU TABLEAU.

[illegible]

SIGNIFICATION FIGURÉE ET PRONOMINALE.

Anoblir, fig. : — son style, le rendre plus élevé, plus noble, plus puissant. Pron.
Anonner, — sa leçon. — Anonner, mettre bas en parlant d'une ânesse.
Anordir. Ce verbe ne s'emploie qu'à la troisième personne. Le vent annordit.
Anser. Cet ouvrier est habile à anser les corbeilles et les manes. (Peu usité.)
Anticiper sur, neut., empiéter, usurper. — sur les droits de quelqu'un.
Antidater. — un contrat. — une lettre. — un effet de commerce. Pron.
Antiquer, pron. Les éditions gothiques s'antiquent ordinairement.
Aoûter. Ce verbe est peu usité. Il est souvent omis par les lexicographes.
Apiéter, tirer l'oiseau par derrière quand il s'est envolé et à une certaine distance.
s'Apailler, pron. Si vous m'en croyez, ne vous [illegible] au milieu de cette forêt.
s'Apaiser, pron. Les vents s'apaisent après avoir lutté les uns contre les autres.
Apanager. Le prince veut apanager ses puînés. Ne s'emploie pas pronomin.
s'Apathiser, pron. : les âmes sensibles s'apathisent difficilement. (Peu usité.)
Apercevoir, fig. : comprendre. Celui qui cherche la vérité l'aperçoit.
Apercher. Il avait aperché un merle qu'il parvint à tirer. (Peu usité.)
s'Apetisser, pron. : devenir plus petit, diminuer de grandeur par l'éloignement.
Apiquer, n., se dit d'un vaisseau quand il est au dessus de l'ancre.
s'Apitoyer, éprouver de la pitié, de la compassion. — du malheur d'autrui.
Aplaigner, lisser, parer, donner du lustre au drap en tirant les poils.
Aplanir, fig. : du palais, il aplanit la route. Pron. : Les obstacles s'aplanissent.
s'Aplatir, devenir plat, s'affaisser. La balle s'est aplatie contre le mur.
Apostasier, fig. : abandonner un parti pour s'attacher au parti contraire.
s'Aposter, pron. : se placer de telle sorte qu'on puisse observer quelque chose.
Apostiller, mettre une note en marge d'un écrit ; le critiquer ou l'éclaircir. Pron.
Apostropher, fig. : style comique, — quelqu'un d'un soufflet, d'un coup de bâton.
Apostumer. Ce mot a vieilli. On dit aujourd'hui abcéder ; se conj. à la trois. pers.
Apparaître, t. de pr., il m'apparaît que... Il me paraît, je pense que...
Appareiller, n., t. de mar., mettre à la voile. Pron. : se joindre à son pareil.
s'Apparenter, former par le mariage, des liens d'affinité avec une famille.
s'Apparesser, devenir paresseux. Cet écolier s'apparesse de plus en plus. (Inusité.)
Apparier, mettre ensemble le mâle et la femelle. — des serins, — des pigeons.
Apparoir. Il n'est usité qu'à l'infin., avec faire, ou impers. Il appert que...
Appartenir, fig. : être attaché par les liens du sang. — Impers. : convenir. Pron.
Appâter, fig. : faire manger celui qui ne peut se servir de ses mains. — un malade.
Appauvrir, fig. : — un terrain, l'épuiser, le rendre moins fertile. Pron.
Appeler, fig. : faire parvenir. — à une dignité. Pron. : Il s'appelle Jean.
Appendre. Il ne se dit guère que des choses que l'on consacre dans une église.
Appesantir, fig. : rendre moins vif, moins subtil. Le vin appesantit l'esprit.
Appéter. Il n'est d'usage qu'en physique. La femelle appète le mâle.
Appiécer, de appiècement, rapiéçage de vieux habits. (Peu usité.)
s'Appiétrir, pr., une marchandise s'appiétrit, en perdant de sa valeur. (Inus.)
s'Applaudir, pr. : se féliciter, se vanter. L'homme vain ne cesse de s'applaudir.
Appliquer, fig. : son esprit à... l'attacher à... s'appliquer, pron. : se poser sur...
Appointer, t. milit. — un homme d'une corvée, la lui imposer, par punition.
s'Appointir, pr. : devenir pointu. Ce verbe ne se trouve pas dans l'Académie.
Apporter, fig. : annoncer, faire savoir. — une mauvaise nouvelle. Pron.
Apposer, fig. : — sa signature, signer. — une condition à un contrat. Pron.
Apprébender. Ce mot n'a plus aujourd'hui d'application en France.
Apprécier, fig. : Les personnes, juger de leur prix dans le commerce de la vie.
Appréhender, fig. : craindre. Elle appréhendait d'abuser des grâces de Dieu.
Apprendre, fig. : contracter une habitude. — à régler ses passions, son esprit.
Apprêter, fig. : — à rire, donner occasion de rire. S'apprêter, pr. : se préparer.
s'Apprivoiser, pr. : devenir moins sauvage, plus familier. Il faut par s'apprivoiser.
Approcher, n., devenir proche. Le temps approche. Pr. : s'avancer vers...
Approfondir, fig. : examiner à fond, tâcher de comprendre une affaire. Pron.
Approprier, ajuster, mettre dans un état de propreté. — un appartement. Pr.
Approuver, fig. : juger louable, digne d'estime. Qui approuverait Néron ? Pr.
Approvisionner, remplir une ville assiégée de vivres et de munitions. Pron.
Approximer, t. d'art. Ces deux systèmes approximent en plusieurs points. Pr.
Appuyer, fig. : protéger, favoriser. — Il appuya sa demande auprès du ministre.
Apurer, t. de doreur, purifier, affiner. — l'or. Pron. : les comptes doivent s'apurer.
s'Arabiser, se donner des airs arabes, une tournure arabe. (Mot nouveau.)
Arambe. Notre équipage aramba le brick le Léopard et le coula à fond.
Arammer, t. de man., pron., même signif. On écrit aussi arramer.
Araser, t. de man., couper le bas des planches pour y mettre des emboitures.
Arbitrer, t. de jur., terminer un différend en qualité d'arbitre. Pron.
Arborer, fig., se déclarer ouvertement. — les couleurs d'un parti. — l'impiété.
Arc-bouter. Il est composé du mot arc et de l'ancien verbe bouter, pousser.
Architecturer. (Peu usité.) Se trouve néanmoins dans Boiste et N. Landais.
Arçonner. L'arçon est un instrument en forme d'archet pour battre la laine.
Arder ou Ardre. Il est vieux et usité seulement dans la phrase citée au Diction.
Arêner. Ce verbe ne se conjugue qu'à la trois. pers. seulement.
Arer, veut dire proprement labourer. On dit l'avoine, are, laboure, ne tient plus.
Argenter, pron. : être susceptible d'être argenté. — le cuivre s'argente bien.
Argoter, t. de jard. Couper les argots ou les extrémités des branches mortes.
Arguer, neut., tirer une conséquence d'un fait. Vous arguez à tort de ce fait.
Argumenter, tirer des conséquences. On ne doit pas argumenter de la possibilité.
Arimer. Cet ouvrier a la vue excellente ; il arime parfaitement.
Armeier, [illegible]. Ils ont passé beaucoup de temps à armeier.
Armer, t. de mar., équiper. — un vaisseau. Fig. : animer, soulever. Pron.
Armorier. Il serait plus correct d'écrire armoirier à cause de armoiries d'où il vient.
s'Aromatiser, pron. : se couvrir d'odeurs, de parfums. Il est fam. et peu usité.
Arpéger, frapper successivement tous les sons d'un accord en imitant la harpe.
Arpenter, fam., marcher à grands pas. Pron. : Ce terrain ne peut s'arpenter.
s'Arquebuser, se tuer avec l'arquebuse. L'arquebuse est une ancienne arme à feu.
s'Arquer, pron. : Les jambes de cet enfant se sont arquées en grandissant.
Arracher, fig. : obtenir avec peine. — une grâce au roi. Pron. : s'arracher.
Arraisonner. En mar. — un vaisseau, s'informer d'où il vient, où il va.
Arranger, fig. : — ses affaires. Fam. — quelqu'un, le maltraiter. Pron.
Arrenter. Ce verbe n'est guère employé qu'au participe passé. Pron.

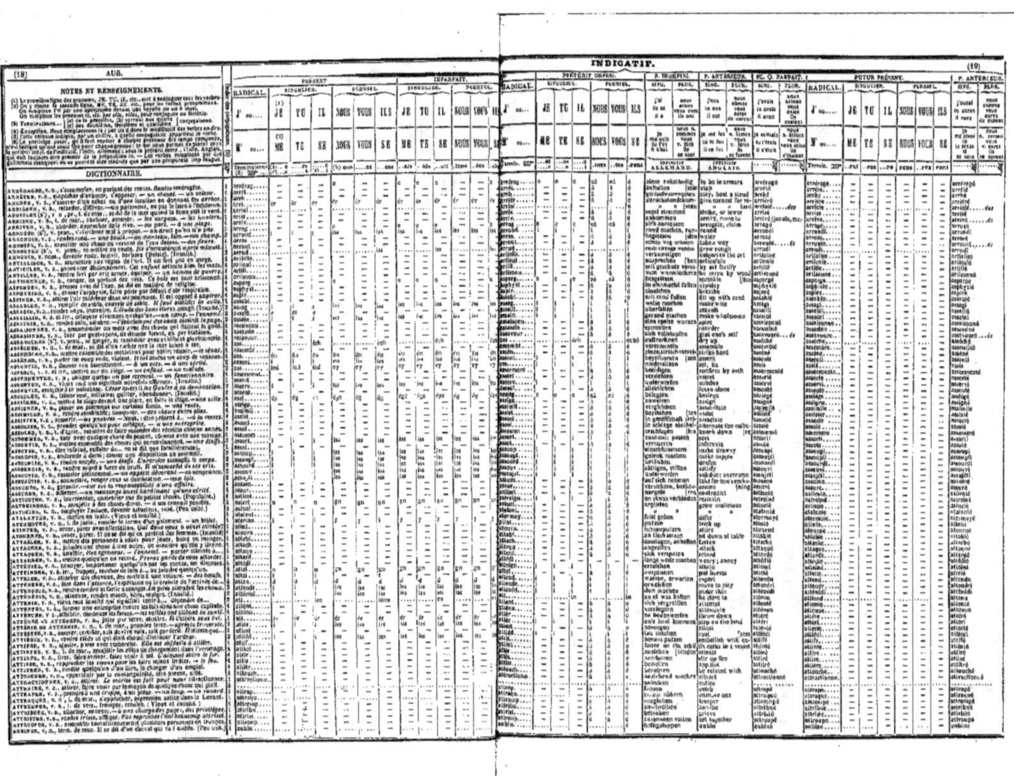

NOTES ET RENSEIGNEMENTS.

DICTIONNAIRE.

INDICATIF.

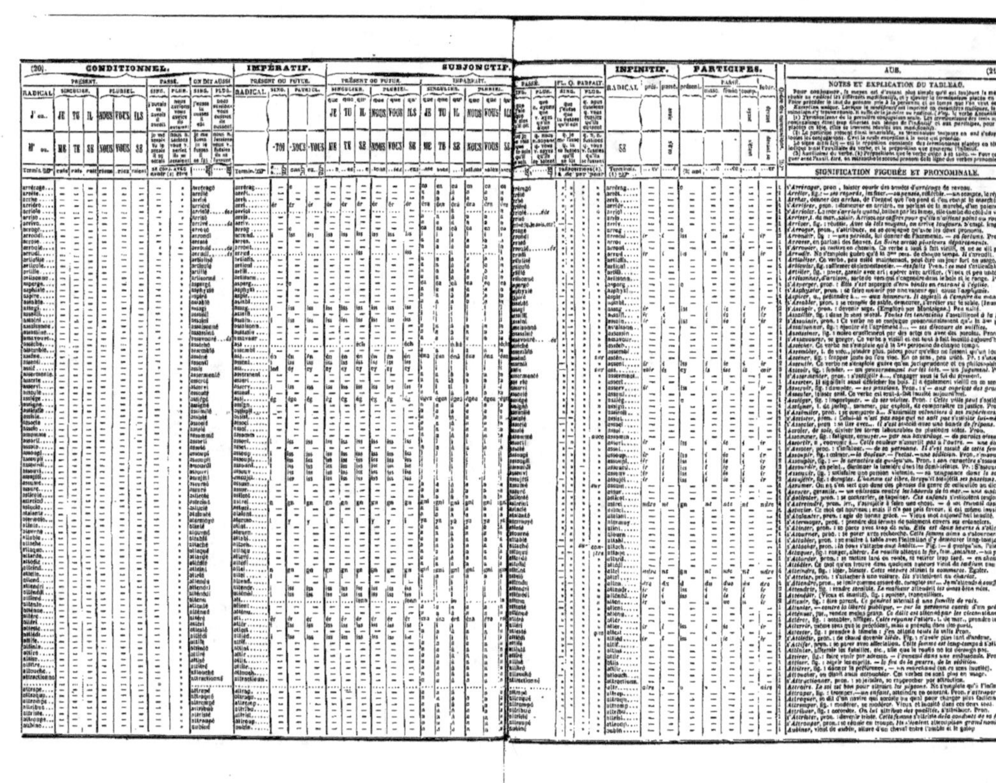

NOTES ET EXPLICATION DU TABLEAU.

[illegible]

SIGNIFICATION FIGURÉE ET PRONOMINALE.

S'Arrérager, pron., laisser courir des années d'*arrérage* de revenu.
Arrêter, fig. : — *ses regards*, les fixer. — *sa pensée*, réfléchir. — *un compte*, le régler.
Arrher, donner des *arrhes*, de l'argent que l'on perd si l'on rompt le marché.
S'Arriérer, pron. : demeurer en arrière, en parlant de la marche, d'un paiement.
S'Arriver. [illegible]
Arriser, t. de mar., saisir. [illegible]
Arriver, fig. : réussir. *Avec de tels moyens, on arrive toujours.* S'empl. impers.
S'Arroger, pron., s'attribuer, ne se conjugue qu'avec les deux pronoms.
Arrondir, fig. : — *une période*, lui donner de l'harmonie. — *sa fortune*. Pron.
Arroser, en parlant des fleuves. *La Seine arrose plusieurs départements.*
S'Arrouter, se mettre en chemin. Ce verbe a tout à fait vieilli, et ne se dit plus.
Arrudir. Ne s'emploie guère qu'à la 3me pers. de chaque temps. *Il s'arrudit.*
Artialiser. Ce verbe, peu usité maintenant, peut être un jour fort en usage.

[illegible]

NOTES ET RENSEIGNEMENTS.

(1) La première ligne des pronoms, JE, TU, IL, etc., sert à conjuguer tous les verbes.
(2) On y ajoute la seconde ligne, ME, TE, SE, etc., pour les verbes pronominaux.
On remplace JE par une apostrophe devant une voyelle ou un h muet.
On remplace les pronoms IL, ILS, par elle, elles, pour conjuguer au féminin.
(3) TERMINAISONS... { (a) de la première, (b) servant aux quatre / (c) des deuxième, troisième et quatrième } conjugaisons.
(4) Exception. Nous remplacerons le c par un d dans le radical des verbes en dre.
(5) Cette colonne indique, par un chiffre, à quelle conjugaison appartient le verbe.
(6) Le participe passé, qu'il faut répéter à chaque personne des temps composés, n'est indiqué qu'une seule fois pour chaque groupe; ce qui nous permet de placer sous le présent indéf. de l'indicatif, l'infin. Allemand; sous le prétérit antér., l'infin. Anglais, qui doit toujours être précédé de la préposition to. — Les verbes remplacés par des guillemets manquent ou ne peuvent être traduits que par une périphrase trop longue.

DICTIONNAIRE.

AUGER, v. a., t. de métier, creuser en forme d'auge ou en augei. (Peu usité.) 1
AUGMENTER, v. a., accroître, rendre une chose plus grande, y ajouter. — sa fortune. 1
AUGURER, v. a., conjecturer. J'en augure bien, — mal. — un mauvais présage. 1
AUMÔNER, v. a., t. de prat. anc., donner par aumône, en vertu de condamnation. 1
AUNER, v. a., mesurer à l'aune. — bois à bois. — pince à pince, moins usité. 1
AUSCULTER, v. a., t. de physiol., explorer par l'ouïe les organes intérieurs. 1
AUTHENTIQUER, v. a., vieux t. de jur., rendre un acte authentique, manifeste. 1
AUTOGRAPHIER, v. a., imiter un corps d'écriture par l'autographie. — une lettre. 1
AUTORISER, v. a., donner autorité, donner le pouvoir, la faculté, la permission. 1
AVACHIR (s'), v. pron., devenir lâche, mou, en parlant du cuir, des étoffes. 2
AVALER, v. a., faire descendre par le gosier dans l'estomac. — un bouillon. fam. 1
AVANCER, v. a., porter en avant. — la table. — le bras. Payer par avance. 1
AVANTAGER, v. a., donner des avantages à quelqu'un de préférence à un autre. 1
AVEINDRE, v. a., tirer une chose du lieu où elle est placée. Aveignez cette robe. 4
AVENIR, v. n., et advenir pl. us. Arriver par accident. Advienne que pourra. 2
AVENTURER, v. a., hasarder, mettre à l'aventure, exposer au péril. — son bien. 1
AVÉRER, v. a., vérifier, prouver une chose. C'est un fait qu'on peut avérer. 1
AVERTIR, v. a., donner avis, informer de. On doit avertir avant de punir. 2
AVEUER ou mieux AVUER, v. a., t. de chasse, garder à vue, suivre de l'œil le gibier. 1
AVEUGLER, v. a., rendre aveugle, éblouir. Les éclairs nous aveuglaient. 1
AVILIR, v. a., rendre vil, méprisable, dégrader, déprécier. La lâcheté avilit. 2
AVILLONNER, v. n., t. de faucon., se défendre avec les serres de derrière. 1
AVINER, v. a., imbiber de vin un vase de bois propre à en contenir. — un tonneau. 1
AVIRONNER, v. a., t. de marine, pousser, faire avancer un bateau avec l'aviron. 1
AVISER, v. a., donner avis, conseil. Un fou avise un sage. — fam., apercevoir. 1
AVITAILLER, v. a., fournir de vivres. — un camp. — une place menacée de siége. 1
AVIVER, v. a., animer, donner de la vivacité, de l'éclat. — des couleurs. 1
AVOCASSER, v. n., exercer la profession d'avocat. (Il se prend en mauvaise part). 1
AVOIR, v. a., posséder de quelque manière que ce soit. — de l'esprit. — une maison. 3
AVOISINER, v. a., être proche, voisin de. Ne se dit que de la proximité du lieu. 1
AVORTER, v. n., accoucher avant terme. Elle prit des breuvages pour se faire —. 1
AVOUER, v. a., reconnaître qu'une chose est ou n'est pas. J'avoue mon ignorance. 1
AVOYER, v. n., t. de mar., commencer à souffler d'un autre rumb, en parl. du vent. 1
AVUSTER, v. a., t. de mar., nouer deux cordes l'une au bout de l'autre. 1
AZURER, v. a., mettre de l'azur. Peindre ou teindre couleur d'azur; rendre bleu. 1
BABILLER, v. n., avoir du babil, parler beaucoup. Les femmes aiment à babiller. 1
BABOUINER, v. n., imiter le babouin, faire le bouffon. (Vieux et inusité.) 1
BACCHANALISER, v. n., faire la débauche, faire du tapage en buvant outre mesure. 1
BÂCHER, v. a., étendre la bâche d'une voiture, couvrir d'une bâche. 1
BACHINER, v. a., frapper sur un bassin pour annoncer quelque chose. (P. us.) 1
BÂCLER, v. a., fermer une porte, etc., par derrière, avec une barre en travers. 1
BACULER, v. a., bâtonner, donner des coups de bâton. (Il est tout-à-fait inus.) 1
BADAUDER, v. n., s'arrêter à regarder avec une curiosité niaise; niaiser. (Fam.) 1
BADIGEONNER, v. a., peindre avec du badigeon. — la façade d'une maison. 1
BADINER, v. n., faire le badin, plaisanter. Vous ne faites que badiner. 1
BAFOUER, v. a., se moquer injurieusement ou avec dédain. On l'a bafoué. 1
BÂFRER, v. n., manger goulûment et avec excès. Cet homme ne fait que bâfrer. 1
BAGUENAUDER, v. n., faire éclater des baguenaudes en les pressant dans ses doigts. 1
BAGUER, v. a., t. de tailleur, faire tenir les plis en les cousant à grands points. 1
BAGUETTER, v. a., frapper qq. c. avec une baguette pour en faire sortir la poussière. 1
BAIGNER, v. a., mettre dans le bain. — mouiller. — son visage de pleurs. 1
BÂILLER, v. n., respirer en ouvrant la bouche involontairement. — de sommeil. 1
BAILLER, v. a., donner, livrer, mettre en main. (Inus. dans le langage ordin.) 1
BÂILLONNER, v. a., mettre un bâillon, empêcher de parler ou de crier. 1
BAISER, v. a., appliquer sa bouche sur une chose ou sur une personne. — la croix. 1
BAISOTTER ou BAISOTER, v. a. Elle est sans cesse à baisotter son enfant. (Fam.) 1
BAISSER, v. a., mettre plus bas. — un store. — diminuer la hauteur. — un mur. 1
BALAFRER, v. a., blesser en faisant une balafre. — quelqu'un d'un coup de sabre. 1
BALANCER, v. a., tenir en équilibre. — rendre incertain. — la victoire. 1
BALAYER, v. a., ôter les ordures d'un lieu avec un balai; nettoyer. — une cour. 1
BALBUTIER, v. n., prononcer mal en hésitant et en articulant avec peine. 1
BALISER, v. a., t. de mar., mettre des balises pour marquer un banc dangereux. 1
BALIVERNER, v. n., railler quelqu'un, s'en moquer. On les a tous balivernés. 1
BALLER, v. n., danser. Ne faire que chanter et baller. (Vieux et inusité.) 1
BALLONNER, v. a., t. de méd., enfler, distendre. Des gaz font ballonner l'abdomen. 1
BALLOTTER, v. a., agiter en divers sens. La mer nous a longtemps ballottés. 1
BALOCHER, v. n., se promener lentement en carrosse dans les mêmes rues. (Inus.) 1
BALUSTRER, v. a., orner, entourer de balustrades; poser des balustrades. 1
BANDER, v. a., lier et serrer avec une bande, un bandeau. — une plaie. — les yeux. 1
BANDEROLLER, v. a., attacher des banderolles à un vaisseau, à un édifice. 1
BANNER, v. a., couvrir avec une banne ou une toile. — des marchandises. 1
BANNIR, v. a., condamner par autorité de justice à sortir d'un état, d'une ville. 2
BANQUETER, v. n., faire un banquet, faire bonne chère. Fam. et peu usité. 1
BAPTISER, v. a., conférer le baptême. — un enfant. — une cloche. — un navire. 1
BAQUETER, v. a., ôter l'eau d'un bateau avec une pelle. (Peu usité et pop.) 1
BARAGOUINER, v. a., parler mal une langue. — un discours, le mal prononcer. 1
BARAQUER, v. n., faire des baraques. Les soldats baraquent dans la plaine. 1
BARATTER, v. a., remuer, agiter du lait dans une baratte pour faire du beurre. 1
BARBARISER, v. a., pécher contre la langue, se servir d'expressions barbares. 1
BARBEYER, v. n., t. de mar., se dit d'une voile battue au vent sans être enflée. 1
BARBIFIER, v. a., raser, faire la barbe. Ce perruquier barbifie bien. (Fam.) 1
BARBOTER, v. n., fouiller avec le bec dans la bourbe. Les canards barbotent. 1
BARBOUILLER, v. a., salir, souiller, tacher. — le visage. Peindre grossièrement. 1
BARDACHISER, v. n., commettre le crime de sodomie. (Vieux et inusité.) 1
BARDER, v. a., armer un cheval d'une armure appelée barde. 1
BARGUIGNER, v. n., hésiter, ne pas prendre de parti pour un achat, etc. 1
BARIOLER, v. a., peindre de diverses couleurs, sans règle et sans harmonie. 1
BAROCHER, v. a., terme de peint., faire jaillir de la couleur, du contour sur le fond. 1
BARRER, v. a., fermer avec une barre par derrière. — une porte. — le chemin. — la rue. 1
BARRICADER, v. a., mettre en barricade, fermer. — une porte. — une fenêtre. 1

PRÉSENT — IMPARFAIT — PRÉTÉRIT DÉFINI — P. INDÉFINI — P. ANTÉRIEUR — PL. Q. PARFAIT — FUTUR PRÉSENT — F. ANTÉRIEUR

Infinitif allemand	Infinitif anglais	Participe passé	Radical (futur)
trögeln	fill a trough	augé	auge
vermehren	encrease	augmenté	augmente
muthmassen	conjecture	auguré	augure
almosengeben	bestow alms	aumôné	aumône
zumessen	measure by the ell	auné	aune
» »	» »	ausculté	ausculte
beglaubigen	render authentick	authentiqué	authentique
autographiren	imitate original	autographié	autographie
bevollmächtigen	authorize [writing	autorisé	autorise
dick werden	grow flaggy	avachi ...... (s	avachi
verschlucken	swallow	avalé	avale
vorrücken	advance	avancé	avance
begünstigen	favour	avantagé	avantage
nach etwas langen	fetch out	aveint	aveind
geschehen	happen	avenu ...... us	aviend
wagen	venture	aventuré	aventure
erweisen	aver	avéré	avère
warnen	warn	averti	averti
in's auge fassen	have an eye on	avué	avue
blind machen	blind	aveuglé	aveugle
herabwürdigen	abase	avili	avili
mit klauen packen	seize with the claws	avillonné	avillonne
mit wein tränken	season with wine	aviné	avine
rudern	row	avironné	avironne
berathen	give advice	avisé	avise
verproviantiren	store victual	avitaillé	avitaille
beleben	brisk up	avivé	avive
avocaten gewerbe [treiben	be a pettifogger	avocassé	avocasse
haben	have	eu	au
angränzen	border on	avoisiné	avoisine
fehl gebähren	miscarry	avorté	avorte
gestehen	confess	avoué	avoue
zu wehen anfangen	grow boisterous	avoyé	avoie
taue zusammen bin[den	tie ropes	avusté	avuste
lasuriren	azure	azuré	azure
plaudern	prattle	babillé	babille
affen	play the buffoon	babouiné	babouine
lärme machen	revel; make noise	bacchanalisé	bacchanalise
betuchen	tilt	bâché	bâche
auf ein becken fes[len	beat on a basin	bachiné	bachine
verriegeln	make fast inwards	bâclé	bâcle
» » »	cudgel	baculé	bacule
gaffen	gape about	badaudé	badaude
mit kreide anstrei[chen	plaster	badigeonné	badigeonne
scherzen	play; jest	badiné	badine
hohnen	abuse	bafoué	bafoue
fressen wie ein thier	guttle	bâfré	bâfre
possen treiben	trifle time away	baguenaudé	baguenaude
aufäden schlagen	baste; rings away	bagué	bague
mit gerten schlagen	beat with a rod	baguetté	baguette
baden	bathe	baigné	baigne
gähnen	gape; yawn	bâillé	bâille
verpachten	give; deliver	baillé	baille
knebeln	gag	bâillonné	bâillonne
küssen	kiss	baisé	baise
beständig küssen	kiss constantly	baisotté	baisotte
niederlassen	let down	baissé	baisse
eine schmarre ver-	gash	balafré	balafre
schwanken [setzen	balance	balancé	balance
auskehren	sweep	balayé	balaie
stammeln	stammer; lisp	balbutié	balbutie
sandbank zeichnen	set buoys	balisé	balise
possen vorbringen	play the fool	baliverné	baliverne
bälle besuchen	dance	ballé	balle
wind machen	swell	ballonné	ballonne
ballotiren	toss	ballotté	ballotte
» »	» »	baloché	baloche
mit docken verzie[ren	rail in	balustré	balustre
verbinden	bind	bandé	bande
verwimpeln	set a streamer	banderollé	banderolle
schirmen	tilt	banné	banne
verbannen	banish	banni	banni
schmausen	feast	banqueté	banquette
taufen [schöpfen	baptise	baptisé	baptise
mit einer schaufel	scoop up	baqueté	baquette
fremd sprechen	speak oddly	baragouiné	baragouine
lagerhütten bauen	set in barracks	baraqué	baraque
buttern	churn	baratté	baratte
verrohen	speak evil	barbarisé	barbarise
» »	shiver in the wind	barbeyé	barbeie
den bart machen	shave	barbifié	barbifie
im kothe stehen	dabble	barboté	barbote
schmieren	besmear	barbouillé	barbouille
knaben schänden	sodomyze	bardachisé	bardachise
verzieren	barb	bardé	barde
wanken, zaudern	haggle	barguigné	barguigne
buntscheckig bema[len	speckle	bariolé	bariole
» » [len	paint awkwardly	baroché	baroche
versperren	bar	barré	barre
sich versammeln	barricade	barricadé	barricade

CONDITIONNEL.											IMPÉRATIF.				SUBJONCTIF											
PRÉSENT.							PASSÉ.		ON DIT AUSSI		PRÉSENT OU FUTUR.				PRÉSENT OU FUTUR.						IMPARFAIT.					
RADICAL	SINGULIER.			PLURIEL.			SING.	PLUR.	SING.	PLUR.	RADICAL	SING.	PLURIEL.		SINGULIER.			PLURIEL.			SINGULIER.			PLURIEL.		
J' ou..	JE	TU	IL	NOUS	VOUS	ILS	j'aurais tu aurais il aurait	nous aurions vous auriez ils auraient	j'eusse tu eusses il eût	nous eussions vous eussiez ils eussent					que JE	que TU	qu' IL	que NOUS	que VOUS	qu' ILS	que JE	que TU	qu' IL	que NOUS	que VOUS	qu' IL
M' ou..	ME	TE	SE	NOUS	VOUS	SE	je me serais tu te serais il se serait	nous n. serions vous v. seriez ils se seraient	je me fusse tu te fusses il se fût	nous n. fussions vous v. fussiez ils se fussent		-TOI	-NOUS	-VOUS	ME	TE	SE	NOUS	VOUS	SE	ME	TE	SE	NOUS	VOUS	SE
Termin.	rais	rais	rait	rions	riez	raient	SE CONJ. AVEC avoir (1) être		......	......	Termin.	e.. s...	ons	ez..	...e	...es	...e	ions	iez	ent	sse	sses	...t	ssions	ssiez	sse
auge.....	—	—	—	—	—	—	—	»	augé		aug........	—	e	—	—	—	—	—	—	—	ea	ea	eâ	ea	ea	ea
augmente..	—	—	—	—	—	—	—	»	augmenté		augment...	—	—	—	—	—	—	—	—	—	a	a	â	a	a	a
augure....	—	—	—	—	—	—	—	»	auguré		augur......	—	—	—	—	—	—	—	—	—	a	a	â	a	a	a
aumône...	—	—	—	—	—	—	—	»	aumôné		aumôn.....	—	—	—	—	—	—	—	—	—	a	a	â	a	a	a
aune.....	—	—	—	—	—	—	—	»	auné		aun........	—	—	—	—	—	—	—	—	—	a	a	â	a	a	a
ausculte...	—	—	—	—	—	—	—	»	ausculté		auscult.....	—	—	—	—	—	—	—	—	—	a	a	â	a	a	a
authentique	—	—	—	—	—	—	—	»	authentiqué		authentiqu.	—	—	—	—	—	—	—	—	—	a	a	â	a	a	a
autographie	—	—	—	—	—	—	—	»	autographié		autographi..	—	—	—	—	—	—	—	—	—	a	a	â	a	a	a
autorise...	—	—	—	—	—	—	—	»	autorisé		autoris.....	—	—	—	—	—	—	—	—	—	a	a	â	a	a	a
avachi....	—	—	—	—	—	—	»	—	avachi......*is*		avach......	i	iss	iss	iss	iss	iss	iss	iss	iss	i	i	î	i	i	i
avale.....	—	—	—	—	—	—	—	»	avalé		aval........	—	—	—	—	—	—	—	—	—	a	a	â	a	a	a
avance....	—	—	—	—	—	—	—	»	avancé		avan........	c	ç	c	c	c	c	c	c	c	ça	ça	çâ	ça	ça	ça
avantage..	—	—	—	—	—	—	—	»	avantagé		avantag....	—	e	—	—	—	—	—	—	—	ea	ea	eâ	ea	ea	ea
aveind....	—	—	—	—	—	—	—	»	aveint		avei........	n	gn	gn	gn	gn	gn	gn	gn	gn	gni	gni	gni	gni	gni	gni
aviend....	...	...	...	...	...	...	»	—	avenu......*us*		av..........	.....	.....	.....	....	....	ienn	....	....	ienn	....	....	în	....	....	in
aventure..	—	—	—	—	—	—	—	»	aventuré		aventur.....	—	—	—	—	—	—	—	—	—	a	a	â	a	a	a
avère.....	—	—	—	—	—	—	—	»	avéré		av..........	èr	ér	ér	èr	èr	èr	ér	ér	èr	éra	éra	érâ	éra	éra	era
averti.....	—	—	—	—	—	—	—	»	averti		avert.......	i	iss	iss	iss	iss	iss	iss	iss	iss	i	i	î	i	i	i
avue......	—	—	—	—	—	—	—	»	avué		avu.........	—	—	—	—	—	—	—	—	—	a	a	â	a	a	a
aveugle....	—	—	—	—	—	—	—	»	aveuglé		aveugl......	—	—	—	—	—	—	—	—	—	a	a	â	a	a	a
avilir.....	—	—	—	—	—	—	—	»	avili		avil.........	i	iss	iss	iss	iss	iss	iss	iss	iss	i	i	î	i	i	i
avillonner.	...	...	...	...	...	...	—	»	avillonné		avillonn....	—	—	—	....	....	—	....	....	—	....	....	â	....	....	a
avine.....	—	—	—	—	—	—	—	»	aviné		avin........	—	—	—	—	—	—	—	—	—	a	a	â	a	a	a
avironne..	—	—	—	—	—	—	—	»	avironné		avironn.....	—	—	—	—	—	—	—	—	—	a	a	â	a	a	a
avise.....	—	—	—	—	—	—	—	»	avisé		avis........	—	—	—	—	—	—	—	—	—	a	a	â	a	a	a
avitaille..	—	—	—	—	—	—	—	»	avitaillé		avitaill.....	—	—	—	—	—	—	—	—	—	a	a	â	a	a	a
avive.....	—	—	—	—	—	—	—	»	avivé		aviv........	—	—	—	—	—	—	—	—	—	a	a	â	a	a	a
avocasse...	—	—	—	—	—	—	—	»	avocassé		avocass.....	—	—	—	—	—	—	—	—	—	a	a	â	a	a	a
au.......	—	—	—	—	—	—	—	»	eu		....	ai	ay	ay	ai	ai	*ait*	*ayons*	*ayez*	ai	eu	eu	eû	eu	eu	eu
avoisine...	—	—	—	—	—	—	—	»	avoisiné		avoisin.....	—	—	—	—	—	—	—	—	—	a	a	â	a	a	a
avorte.....	—	—	—	—	—	—	—	»	avorté		avort.......	—	—	—	—	—	—	—	—	—	a	a	â	a	a	a
avoue.....	—	—	—	—	—	—	—	»	avoué		avou........	—	—	—	—	—	—	—	—	—	a	a	â	a	a	a
avoie.....	...	...	...	...	...	...	—	»	avoyé		avo..........	.....	.....	.....	....	....	i	....	....	i	....	....	yâ	....	....	a
avuste.....	—	—	—	—	—	—	—	»	avusté		avust.......	—	—	—	—	—	—	—	—	—	a	a	â	a	a	a
azure.....	—	—	—	—	—	—	—	»	azuré		azur........	—	—	—	—	—	—	—	—	—	a	a	â	a	a	a
babille.....	—	—	—	—	—	—	—	»	babillé		babill.......	—	—	—	—	—	—	—	—	—	a	a	â	a	a	a
babouine ..	—	—	—	—	—	—	—	»	babouiné		babouin.....	—	—	—	—	—	—	—	—	—	a	a	â	a	a	a
bacchanalise	—	—	—	—	—	—	—	»	bacchanalisé		bacchanalis..	—	—	—	—	—	—	—	—	—	a	a	â	a	a	a
bâche......	—	—	—	—	—	—	—	»	bâché		bâch........	—	—	—	—	—	—	—	—	—	a	a	â	a	a	a
bachine.....	—	—	—	—	—	—	—	»	bachiné		bachin......	—	—	—	—	—	—	—	—	—	a	a	â	a	a	a
bâcle......	—	—	—	—	—	—	—	»	bâclé		bâcl.........	—	—	—	—	—	—	—	—	—	a	a	â	a	a	a
bacule.....	—	—	—	—	—	—	—	»	baculé		bacul.......	—	—	—	—	—	—	—	—	—	a	a	â	a	a	a
badaude....	—	—	—	—	—	—	—	»	badaudé		badaud......	—	—	—	—	—	—	—	—	—	a	a	â	a	a	a
badigeonne.	—	—	—	—	—	—	—	»	badigeonné		badigeonn..	—	—	—	—	—	—	—	—	—	a	a	â	a	a	a
badine.....	—	—	—	—	—	—	—	»	badiné		badin.......	—	—	—	—	—	—	—	—	—	a	a	â	a	a	a
bafoue.....	—	—	—	—	—	—	—	»	bafoué		bafou.......	—	—	—	—	—	—	—	—	—	a	a	â	a	a	a
bâfre......	—	—	—	—	—	—	—	»	bâfré		bâfr.........	—	—	—	—	—	—	—	—	—	a	a	â	a	a	a
baguenaude	—	—	—	—	—	—	—	»	baguenaudé		baguenaud..	—	—	—	—	—	—	—	—	—	a	a	â	a	a	a
bague......	—	—	—	—	—	—	—	»	bagué		bagu........	—	—	—	—	—	—	—	—	—	a	a	â	a	a	a
baguette....	—	—	—	—	—	—	—	»	baguetté		baguett.....	—	—	—	—	—	—	—	—	—	a	a	â	a	a	a
baigne.....	—	—	—	—	—	—	—	»	baigné		baign.......	—	—	—	—	—	—	—	—	—	a	a	â	a	a	a
bâille......	—	—	—	—	—	—	—	»	bâillé		bâill........	—	—	—	—	—	—	—	—	—	a	a	â	a	a	a
baille......	—	—	—	—	—	—	—	»	baillé		baill........	—	—	—	—	—	—	—	—	—	a	a	â	a	a	a
bâillonne...	—	—	—	—	—	—	—	»	bâillonné		bâillonn.....	—	—	—	—	—	—	—	—	—	a	a	â	a	a	a
baise......	—	—	—	—	—	—	—	»	baisé		bais.........	—	—	—	—	—	—	—	—	—	a	a	â	a	a	a
baisote.....	—	—	—	—	—	—	—	»	baisoté		baisot.......	—	—	—	—	—	—	—	—	—	a	a	â	a	a	a
baisse......	—	—	—	—	—	—	—	»	baissé		baiss........	—	—	—	—	—	—	—	—	—	a	a	â	a	a	a
balafre.....	—	—	—	—	—	—	—	»	balafré		balafr.......	—	—	—	—	—	—	—	—	—	a	a	â	a	a	a
balance....	—	—	—	—	—	—	—	»	balancé		balan........	c	ç	c	c	c	c	c	c	c	ça	ça	çâ	ça	ça	ça
balaie......	—	—	—	—	—	—	—	»	balayé		bala.........	i	y	y	i	i	i	y	y	i	ya	ya	yâ	ya	ya	ya
balbutie....	—	—	—	—	—	—	—	»	balbutié		balbuti......	—	—	—	—	—	—	—	—	—	a	a	â	a	a	a
balise......	—	—	—	—	—	—	—	»	balisé		balis........	—	—	—	—	—	—	—	—	—	a	a	â	a	a	a
baliverne...	—	—	—	—	—	—	—	»	baliverné		balivern.....	—	—	—	—	—	—	—	—	—	a	a	â	a	a	a
balle.......	—	—	—	—	—	—	—	»	ballé		ball.........	—	—	—	—	—	—	—	—	—	a	a	â	a	a	a
ballonne....	—	—	—	—	—	—	—	»	ballonné		ballonn......	—	—	—	—	—	—	—	—	—	a	a	â	a	a	a
ballotte....	—	—	—	—	—	—	—	»	ballotté		ballott......	—	—	—	—	—	—	—	—	—	a	a	â	a	a	a
baloche.....	—	—	—	—	—	—	—	»	baloché		baloch......	—	—	—	—	—	—	—	—	—	a	a	â	a	a	a
balustre....	—	—	—	—	—	—	—	»	balustré		balustr......	—	—	—	—	—	—	—	—	—	a	a	â	a	a	a
bande......	—	—	—	—	—	—	—	»	bandé		band........	—	—	—	—	—	—	—	—	—	a	a	â	a	a	a
banderolle..	—	—	—	—	—	—	—	»	banderollé		banderoll...	—	—	—	—	—	—	—	—	—	a	a	â	a	a	a
banne......	—	—	—	—	—	—	—	»	banné		bann........	—	—	—	—	—	—	—	—	—	a	a	â	a	a	a
banni......	—	—	—	—	—	—	—	»	banni		bann........	i	iss	iss	iss	iss	iss	iss	iss	iss	i	i	î	i	i	i
banquette...	—	—	—	—	—	—	—	»	banqueté		banqu.......	ett	et	et	ett	ett	ett	et	et	ett	eta	eta	etâ	eta	eta	eta
baptise.....	—	—	—	—	—	—	—	»	baptisé		baptis.......	—	—	—	—	—	—	—	—	—	a	a	â	a	a	a
baquette....	—	—	—	—	—	—	—	»	baqueté		baqu........	ett	et	et	ett	ett	ett	et	et	ett	eta	eta	etâ	eta	eta	eta
baragouine	—	—	—	—	—	—	—	»	baragouiné		baragouin..	—	—	—	—	—	—	—	—	—	a	a	â	a	a	a
baraque....	—	—	—	—	—	—	—	»	baraqué		baraqu......	—	—	—	—	—	—	—	—	—	a	a	â	a	a	a
baratte.....	—	—	—	—	—	—	—	»	baratté		baratt.......	—	—	—	—	—	—	—	—	—	a	a	â	a	a	a
barbarise...	—	—	—	—	—	—	—	»	barbarisé		barbaris.....	—	—	—	—	—	—	—	—	—	a	a	â	a	a	a
barbeie....	...	...	...	...	...	...	—	»	barbeyé		barbey......	.....	.....	.....	....	....	—	....	....	—	....	....	â	....	....	a
barbifie....	—	—	—	—	—	—	—	»	barbifié		barbifi......	—	—	—	—	—	—	—	—	—	a	a	â	a	a	a
barbote....	—	—	—	—	—	—	—	»	barboté		barbot......	—	—	—	—	—	—	—	—	—	a	a	â	a	a	a
barbouille..	—	—	—	—	—	—	—	»	barbouillé		barbouill....	—	—	—	—	—	—	—	—	—	a	a	â	a	a	a
bardachise..	—	—	—	—	—	—	—	»	bardachisé		bardachis...	—	—	—	—	—	—	—	—	—	a	a	â	a	a	a
barde......	—	—	—	—	—	—	—	»	bardé		bard........	—	—	—	—	—	—	—	—	—	a	a	â	a	a	a
barguigne..	—	—	—	—	—	—	—	»	barguigné		barguign....	—	—	—	—	—	—	—	—	—	a	a	â	a	a	a
bariole.....	—	—	—	—	—	—	—	»	bariolé		bariol.......	—	—	—	—	—	—	—	—	—	a	a	â	a	a	a
baroche....	—	—	—	—	—	—	—	»	baroché		baroch......	—	—	—	—	—	—	—	—	—	a	a	â	a	a	a
barre......	—	—	—	—	—	—	—	»	barré		barr........	—	—	—	—	—	—	—	—	—	a	a	â	a	a	a
barricade..	—	—	—	—	—	—	—	»	barricadé		barricad....	—	—	—	—	—	—	—	—	—	a	a	â	a	a	a

PROSPECTUS.

L'importance du Verbe dans l'expression de la pensée, le puissant secours qu'il prête à la phrase, dont il est le flambeau, les diverses formes qu'il revêt pour exprimer de nouvelles idées, sont autant de propositions suffisamment démontrées par les grammairiens, et qui, dans notre modeste ouvrage, paraîtraient au moins prétentieuses et superflues.

Ce qu'il nous importe de faire connaître, c'est l'exposé de notre plan.

Un traité complet de la Conjugaison des Verbes français, était devenu depuis long-temps un besoin impérieux, non-seulement pour les naturels du pays, mais aussi pour cette multitude d'étrangers qu'attirent chez nous la beauté de notre langue, la richesse de notre sol et la supériorité de notre civilisation.

Mais l'exécution d'un pareil livre n'était pas sans quelque embarras; car l'imagination la plus hardie avait dû reculer, non pas devant les difficultés du travail, mais en présence de cette lourde agglomération de *modes, de temps, de pronoms* et de *terminaisons,* dont il fallait éviter la répétition fastidieuse, sous peine de faire un ouvrage beaucoup trop volumineux pour qu'il soit à la fois *clair, précis* et *commode.*

La *Méthode Synoptique* nous a seule paru appelée à satisfaire cette triple exigence, en renfermant dans un simple cahier d'une TRENTAINE de feuilles, ce que ne pourraient contenir QUATRE *volumes à deux colonnes,* quelque compacts qu'ils fussent.

En annonçant un DICTIONNAIRE SYNOPTIQUE, nous laisserions croire que nous usons largement du mode d'abréviations, si nous ne répondions d'avance *qu'il n'existe pas un seul mot* abrégé *dans tout le cours de notre ouvrage.* Ce que nous abrégeons, c'est le temps et le papier, perdus dans les publications de ce genre, par la répétion incessante de mots qu'il nous suffit *à nous*, de placer une seule fois en tête de notre page, pour conjuguer de front et d'une seule ligne, 90 verbes.

Nous arrivons à ce résultat en plaçant dans la première colonne de notre Dictionnaire, le verbe, avec ses diverses significations; puis, dans la seconde, le *radical pur*; enfin, dans les colonnes qui suivent, *le radical variable.* En sorte qu'il suffit de réunir ces deux radicaux et d'y joindre la *terminaison* qui se trouve en tête, pour avoir en *toutes lettres,* le temps et la personne du verbe que l'on veut conjuguer.

Qu'il nous soit permis de citer quelques-uns des avantages de notre système, qui, nous l'espérons, une fois compris du public, fera de notre ouvrage, un livre populaire.

En première ligne, nous placerons la *facilité des recherches* pour les personnes qui *savent,* mais dont la mémoire infidèle, a besoin d'être souvent renseignée.

Il leur suffira de feuilleter *quelques pages seulement* pour mettre le doigt sur la solution d'une difficulté quelle qu'elle soit.

Mais, c'est aussi pour les enfants que nos Tableaux peuvent avoir une immense portée. C'est surtout à cet âge qu'il importe d'économiser un temps précieux, que l'on pourrait appeler le *temps de la moisson*, pendant lequel ils ne sauraient faire *une récolte trop abondante.*

Le mécanisme de nos Tableaux, quoique simple, les mettra dans l'impossibilité de faire de la routine; ils travailleront d'autant mieux, qu'ils seront forcés de se rendre compte, de leur besogne, et ne pourront copier *machinalement.*

Par la disposition de notre cadre, les verbes *irréguliers,* et nous dirons même, les *irrégularités* des verbes *réguliers,* en se détachant de nos colonnes *radicales,* apparaissent *isolément,* et par conséquent plus *ostensibles* dans les colonnes voisines; en sorte que la recherche en est d'une facilité qu'on ne rencontre dans aucun autre ouvrage.

Enfin, sous le rapport typographique, nous ferons nos efforts pour que notre Publication soit sans reproche.

CONDITIONS DE LA SOUSCRIPTION.

LE DICTIONNAIRE SYNOPTIQUE paraît par livraison de 8 pages in-4e, contenant CENT QUATRE-VINGT Verbes conjugués en toutes lettres, avec leur signification propre, figurée et pronominale; annotés de remarques et citations puisées dans les auteurs les plus célèbres.

NOTA. La dimension de notre cadre, ne nous permettant pas de mettre moins de 180 Verbes, est un sûr garant du nombre de livraisons que nous annonçons.

39 LIVRAISONS.

Il paraît une Livraison toutes les semaines

Prix de chaque Livraison : 30 Centimes.

BOULÉ et Comp., imp., rue Coq-Héron, 3.

www.ingramcontent.com/pod-product-compliance
Lightning Source LLC
LaVergne TN
LVHW021057050726
842519LV00005B/1690

* 9 7 8 2 3 2 9 1 6 4 9 8 4 *